Star

星出版

新觀點
新思維
新眼界

實現夢想的小目標時間管理術

吉武麻子——著
張婷婷——譯

目標や夢が達成できる
1年・1カ月・1週間・1日の時間術

Star星出版

目錄

第2章

1年目標的分解計畫術

（1年目標↓3個月目標）

第5章 當計畫進度不如預期時

第6章 回顧計畫

第7章 有效達成目標的手帳使用法

前言
小目標盤點，實現夢想最重要的一件事

「明明有很多事情想做，卻因為工作忙到沒有時間去做。」
「我不擅長做時間管理或行動計畫，無法達成目標會厭惡自己。」
「雖然已經朝著夢想出發，卻沒辦法勤勤懇懇地持續下去。」
「每天也都在努力，卻看不到什麼明顯的成果。」

你是否也有這樣的煩惱呢？

本書是針對那些平時為了工作、養兒育女、家事、照護等許多事情忙碌，但仍然想在有限的時間裡朝著目標或夢想前進的人分享的時間管理術。

有想做的事、有目標、有夢想，真的是很幸福的事。在做自己想做的事情時的那股充實感，以及徹底完成之後的成就感，大家應該都品嚐過吧。

另一方面，應該也曾有過未能完成想做的事或目標或夢想而感到懊悔的經驗吧。未能成功的原因可能很多，但是無法按照自己的想法行動，或是沒有時間所以做不成，才是感覺壓力最大的時候。

「我要達成目標！」、「我想實現夢想！」，明明最初是這樣滿懷氣勢起跑的。跑到半路卻上氣不接下氣，壯志未酬就中途放棄，或是眼前的事堆積如山，實在做不了自己想做的事，這種情況也很常見，而這真的很令人惋惜。

本書就是為了幫助各位盡量消除這些令人惋惜之事而寫的。

好不容易才找到想做的事或是目標和夢想，為了達成，最重要的是「行動」和「持續行動」，我在本書將會解説這些方法，讓任何人都能夠做得到。

想要採取行動，也並非總是只能犧牲睡眠時間，或是想方設法利用快速、高效率的技巧來擠出時間，或只是一味用力自我鞭策、一股腦兒增加行動量這樣的方法。像這樣的做法，到最後只會留下疲憊感，應該無法長久持續下去的。

時間管理術，若只是學習縮短時間與提高效率的知識和技巧就沒有意義，因為這些是在把時間都整理完之後才會需要的。

時間都沒有整理好、不知道如何妥善運用自己的時間，就突然運用這些知識和技巧，就像不先開墾荒地就突然把種苗種下去一樣。

過去讀過許多本時間管理的書，也試著實踐過、卻不是很成功或未能持續下去的人，說不定就是因為一開始沒有好好進行時間整理，沒有學會真正掌控時間的運用。

首先，你必須把你的時間全部都攤開來整理一下。

有想做的事或是有目標、有夢想的人，請跟著這本書的步驟一起來訂定能夠持續行動的計畫，朝著實踐的方向行動吧。

在這裡，稍微提一下我自己的事，簡單做一下自我介紹。

我到三十歲出頭為止，雖然每天都過得很開心，卻一直覺得自己的能力沒有完全獲得發揮。

從小就夢想著要當學校老師的我，高中畢業後雖然考上了當老師一定要讀的教育學系，卻在大學三年級時轉換了方向。在那之後，我也去考了家裁調查官的考試，卻沒有考上，於是便在獲得錄取內定的企業就職了。然而，不到三年我就離職了，在26歲時去韓國留學。

熱得快冷得也快的我，無論開始做什麼，總會半途而廢。因為我自己一直沒有可稱為「徹底完成」的經驗，始終覺得自己是個很容易半途而廢、三心二意的「半吊子」。

不過，後來這樣的想法終於消失了。

那是我到韓國留學，很快學會日常會話，在當地找到工作擔任選角指導，整整待滿四年的時候。韓語也好、選角指導的工作也好，令我覺得自己「終於做到了！」的完成感瞬間終於到來。

在留學前，我曾經許下「總有一天，我要能用韓語工作」的願望。在學會韓語後，我也在當地找到工作，並且對自己的工作表現感到滿意，才終於有這種感覺浮現。

每個人感覺到的「我終於做到了！」，無非是依照自己的標準。順帶一提，我的韓語能力並不是能做專業口譯、翻譯的程度，大概也只是「不會說韓語的人會覺得很厲害」的程度吧。

重要的是「肯定感」。是自己選擇、自己決定、自己採取行動後得到了結果，才會有這樣的肯定感，就像是把人生的韁繩握在手上一樣。

人生，是由日常生活的時間日積月累而成。也就是說，**「充實的人生＝把如何掌控運用時間的韁繩握在自己手上」的意思。**

正因如此，我希望你可以把自己「徹底完成、終於做到了！」的經驗看得比什麼都重要。

我如今則是追求著過去「想從事教育工作」的夢想，和一些同樣擁有「想讓孩子懂得生活的快樂」的願景的夥伴們，一起透過「時間管理」的理念與實踐來支持大家，幫助大家用更舒適的時間使用法來豐富人生。

本著「為了讓孩子懂得生活的快樂，大人要先懂得快樂！」的想法，我們不分男女老幼，為超過三千人指導了時間管理術。

我的行動並不是特別快速，也沒有過人的能力，更不是特別優秀，只不過是去完成眼前的事情而已。

不過，有一點特別重要，那就是「把『想做的事』這種模糊的概念，進一步落實到日常現實生活中。」

從願景變成長期目標，從長期目標變成短期目標，再從短期目標變成今天要做的事，這種小目標盤點的工作，可說就是實現夢想最重要的一點。換言之，就是時間分解術。

對每個人來說，都被平等賦予了一天24小時的時間資產，不同的運用方式會使得價值有所不同。我們都應該擁有自己的時間掌控權，主動、積極地生活。

請學會善用時間分解術展開第一步的行動，然後用持續的行動去實現目標和夢想，豐富你的人生吧！

第1章

達成目標八成要靠計畫

1

每個人的時間管理方法，大部分都是靠自學而來的

你是不是從小到大經常在各種場合被問到目標是什麼？

如果是讀書考試或在社團活動中被問到「目標是什麼？」時，相信你可能也會立下「五科平均80分以上」、「考上某某大學」、「地區大賽優勝」等有模有樣的目標。

然而，大部分的人應該都沒有在學校學過如何擬定目標，或是要達成目標應該要如何擬定計畫的方法吧？通常都是一面反覆試誤，一面創造出屬於自己的計畫方法，藉由消化數量來接近目標的達成。

有了目標以後，採取行動的人是自己。我想，關於過程要如何計畫，許多人都是照著學校老師或補習班老師、社團顧問所說的去做，我也是如此。

那麼粗糙的計畫，也讓你達成了目標，當然是因為你有足夠的體力；此外，有一點也很重要，那就是：在十幾歲的時候，24小時中的大部分時間都可以為自己所用，不必想方設法排除諸多的待辦事務，可以安排空閒時間的運用。

當時，就算不在意時間管理，也有很多時間可以讓我們朝著目標去行動。

然而，長大成人之後，已經沒有像十幾歲時那樣的體力，能夠全心全意為目標行動的時間也有限。因此，靠著粗糙的計畫很容易失敗，但是以結果論來說，也有些人會靠著埋頭苦幹的方法，好不容易才達成目標。

像這樣，**如果你的計畫方法、時間的使用方式都有自己的一套，就有可能靠著行動量來努力達成自己設定的目標。**

想要達成目標、實現夢想的話，當然必須要有足夠的行動量。然而，有勇無謀、只會拼死拼活的行為，只是一味地在鞭打自己，總有一天會讓自己完全動彈不得，難得能夠朝著夢想前進，卻在中途戛然而止。

重要的並不是訂定目標，而在於達成目標前的計畫擬定方法；說得更精準

一點，就是在於時間使用的方法。訂定可以讓自己持續行動，直到能夠達成目標、實現夢想的方法才是最重要的。

不擅長時間管理、不擅長目標規劃、不擅長任務管理的人，或許會有一種自己被綁住動彈不得的感覺。

「非做不可」這樣的心情，造成了沉重的壓力。看著手帳和任務列表，只覺得「我也知道非做不可……」，但始終無法跨出行動的那一步，面對如此無能為力的自己，也只能發出一聲嘆息……諸如此類的情況，有時總是難免會出現。

也有人會說：「所以，我才不想擬定計畫跟決定詳細的待辦事項！」由於我也很不擅長用劃分時刻的方式來擬定計畫，這種心情我很了解。

然而，最重要的是你的目標或夢想、想做的事實際上有沒有辦法實現。如果以現在的狀況來說，你已經達成目標，那當然沒有什麼問題。有些人不擬定細節才能自由自在地往前推進，如果你屬於這樣的人，現在就可以闔上這本書了，我反而希望你能以現在的步調一路向前邁進。

相反地，**「不擅長擬定細節，所以不去擬」，但是「也不是已經達成目標」，像這樣的人，我強烈建議你重新審視自己使用時間的方式。**首先，最重要的就是希望你懷疑自己本來遵守的大前提。

人本來就是會偷懶的動物。

我們經常聽聞有人說：「連這種事情都做不到，我真是廢啊！」，其實這可能只是太高估自己而已。不是做不到，你只是還沒有做好準備，可以讓自己開始行動而已。人都是只要做足了準備，就可以展開行動。

接下來，一起來擬定可以讓自己持續行動的計畫，直到達成目標、實現夢想為止吧。

我們先來看看為此所需的要素是什麼。

Check List

□能不能達成目標，端看你的計畫擬定方法、使用時間的方法。

□想要達成目標，就要擬定能夠不用長時間死命勉強自己也能夠持續行動下去的計畫。

□你已經沒有像十幾歲時那麼多的空閒時間和體力。你現在所做的計畫，必須遷就現在的自己。

□如果你覺得明明有想要達成的目標卻遲遲無法推進，你需要重新審視使用時間的方法。

2 達成目標的三項要素

請想像一下實現目標和夢想所必需的東西。

如果你想到的是「韌性」、「幹勁」、「動機」等東西的話，或許你至今一直都是非常努力鞭策自己朝著目標和夢想前進的人。

隨著年紀的增長，我們與社會相關的交集廣度越是擴大，我們的角色就越是增加，在公司與家庭裡也是如此。

這樣一來，純粹用來實現自己的目標和夢想的可用時間就很有限。在有限的時間當中想要做出成果來，只仰賴行動量或幹勁是很危險的。

因此，我要介紹不必只是仰賴這些就能夠達成目標的三項必需要素。

達成目標的必需要素①
一個無論如何都想達成的「目標」

首先，必須要有的，就是一個無論如何都想要達成的「目標」。

你的目標，是你真心想做的事嗎？

假使你已經在行動了，透過你目前正在做的事情是否就能夠做到你真心想做的事呢？

現在的你，是這三種狀況中的哪一種？

①可以很有自信地說，我想做的事情「就是這件事！」

②已經進入想做的事情的領域當中，來到距離很近的地方了，但是還不能很肯定地斷言，我想做的「就是這件事！」

③雖然還不大清楚自己想做的事情是什麼，但是第三者已經替你決定好目標了。由於不能想得太天真，總之現在想的就是必須把眼前的事情做完。

如果是①的情況，由於未來的目標很明確，要擬定行動計畫也不難。

● 達成目標必需的3項要素

如果是②的情況，想做的事情以射箭來說，算是已經找到標靶的狀態了。接下來，就是把目標對準箭靶的中心。在這種情況下，與其用腦思考，不如憑藉各種經驗自然往你的目標正中心而去，一面擬定短期目標，一面務實累積經驗。

如果是③的情況，我建議你轉換角度，因為「非做不可」的想法是一面踩著煞車一面踏著油門，我會在下一篇「定下目標卻無法達成的三個常見理由」當中詳細解說。

你是否已經掌握住自己是處於

1～3中的哪一種情況？

無論你現在處於哪一種情況，你要做的都是「開始採取行動」，因此其實沒有太大的不同。如果不採取行動，實際上就什麼都改變不了。**妥善掌握好自己的狀況，就不會失去行動的意義及目的和方向性。**

針對公司的既定目標，也可以拆解成個人的目標。

在某次的研習營當中，我請大家思考一下對於公司設定的年度目標，各部門要如何落實達成目標，而個人又應該做什麼事來做出貢獻。

當時，我請代表來告訴大家公司擬定此一目標的理由及背景，讓全體參與研習的同仁都能有共同的認知，因為這樣就不會單單只是去追逐數字目標，而可以透過「讓公司、員工和顧客都獲得豐富的收穫」這樣的宏觀角度來行動。

淡然面對並完成公司設定的目標當然很重要，但是**既然都要採取行動了，由自己親手操控這項目標，思考如何在達成公司目標的同時，自己也能成長，更是好事一樁。**

在實現公司目標的過程中，可以嘗試去挑戰自己想做的事，挑戰自己沒有做過的事，特意去做自己不擅長的事情也很好。

就算是公司的目標，也請試著用自己的意志去思考個人的目標吧。

如果你已經有了粗略的目標，請描繪一下實現目標後的自己是什麼模樣？

舉例來說，假設你已經訂定了「通過資格考試」這樣的目標，請你務必想像一下將來通過考試之後的自己。

重點不是「你想成為什麼」，而是思考「你想成為什麼樣的人」。

「升官了」、「加薪了」、「朋友稱讚我好厲害」……像這樣的答案，是目標達成後清楚可見的「結果」。

目標設定好了以後，讓這些清楚可見的「結果」具體化確實很重要，但是靠所得、地位、名聲等得到的幸福感是無法長久的。

這一點，在幸福學大師前野隆司教授的《幸福的機制：實踐・幸福學入門》當中，有清楚詳細的解說。

此外，也有美國經濟學者羅伯・法蘭克（Robert H. Frank）創造的「地位財」、「非地位財」的概念。

所謂「地位財」，就是與周遭的人比較之後得到的滿足感；也就是說，是所得、社會地位與物質上的財物等等可以跟周圍比較的東西。「地位財」是在個人的進化和生存競爭上很重要、可以帶來短期幸福感的東西。

另一方面，**「非地位財」與他人的相對比較無關，是不透過比較就可以得到的幸福感，也就是與他人擁有什麼無關，可藉由健康、自主性、自由等等得到的喜悅。**「非地位財」在個人的安心、有安全感的生活上很重要，而且可以帶來長期的幸福感。

追求所得或地位、名聲等「地位財」，雖然可以得到短期的幸福感，但是隨後會一直追求下一個、再下一個地位財，這就稱為「快樂的跑步機」。

這就好比持續跟某個人戰鬥，因為跟某個人戰鬥，獲勝的結果可以得到「地位財」。然而，就算得到了一次，之後又會想要填滿不足感，便成了永無止

● **地位財與非地位財**

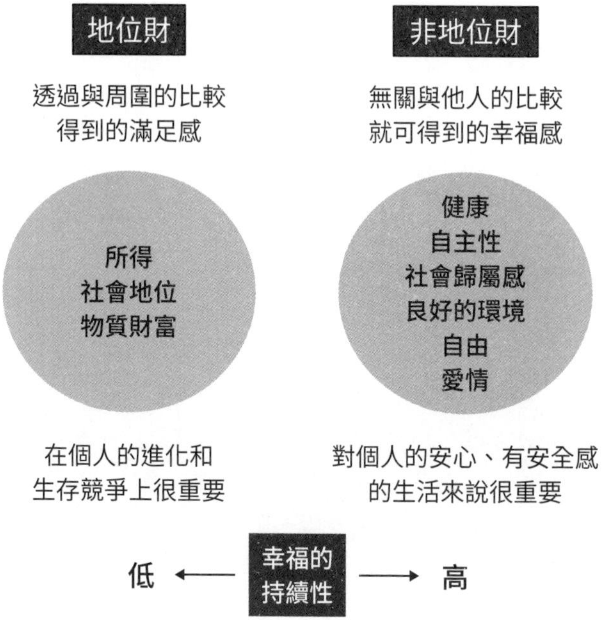
地位財
透過與周圍的比較
得到的滿足感
所得
社會地位
物質財富
在個人的進化和
生存競爭上很重要
非地位財
無關與他人的比較
就可得到的幸福感
健康
自主性
社會歸屬感
良好的環境
自由
愛情
對個人的安心、有安全感
的生活來說很重要
低
幸福的
持續性
高

境的戰鬥。

面對這樣的未來，你不覺得光是想像就很累嗎？

如果變成這樣，大腦就會認識到，達成目標、實現夢想本身就是一種「辛苦」。而且，在直到達成目標為止的過程中一直都是，必須不斷地鞭笞自己用「假造的能量」來轉動飛輪。

這麼一來，就會變得搞不清楚究竟目標和夢想為的是什麼了。

大多數的人都不希望有限的人生在戰鬥中度過。為了不要變成這樣，重要的是在揭示具體的目標時，先描繪在目標達成時「希望自己是什麼樣子？」。說得更清楚一點，目標必須跟「未來的人生要以什麼為重？」這個問題的答案有關。

例如，想要通過資格考試，以此為升官的契機，這時候你希望自己是什麼樣子？

- 託升官的福，終於可以參與真正想做的業務了。

- 因為也加了薪，家計稍微寬裕了一點，可以全家每週末外食，全家人開心聊天的相聚時光也可以增加。
- 四十幾歲的時候專注於工作，五十來歲的時候半退休，也正在和妻子討論移居的事情。在研究是否要獨立創業時，取得資格證照也會增加優勢。

像這樣，**請你想像一下達成目標時的自己、達成目標之後的自己。這麼做，你將不會只是永無止境在跑步機上漫無目的地跑步，而是盡力實現自己想過什麼樣的人生，由自己掌舵、實現自我。**

於是乎，眼前的目標也就不會只是「不得不做」，而是可以用「我想達成！」、「好想好想達成！」的心情去面對。

有了「超想達成」的目標以後，就不需要透過「假造的能量」來持續鞭笞自己，而是由內在散發出的想做得不得了的「本質能量」快速、順暢地動起來。

如果是**以在公司工作的情況來說，能夠做到部門或團隊裡彼此傳達優點的正面反饋，那就很棒了。**

把你覺得很棒的、很感謝的、很值得尊敬的事，一些客觀看來某個人很擅長的事情等等，不僅限於跟業務有關的事，以身為個人來說你認為非常優秀的特質，都回饋給他本人知道。

日本有謙遜的文化，很多人都不擅長接受反饋。我在進行研習活動的時候，也經常看到這種情況。雖然大家在被稱讚時，總是很不好意思的樣子，但實際上進行了這樣的反饋後，他們的表情和上課時認真的模樣截然不同，所有成員的嘴角都上揚，說話時露出喜悅的神情。

能夠真正把握、懂得適時運用自身強項的人，或是對自己的強項有足夠自信的人，其實並不多。從平常一起工作的人身上得到反饋，有助於具體掌握自己在哪些事情上面有用處。

像這樣，把公司的目標分解成部門或專案團隊的目標後，就能自己去思考相對於這些目標的個人目標，了解該怎麼做會更好。

達成目標的必需要素②

有可能實行的「計畫」

理解了無論如何都想達成的目標的重要性之後，下一步就是要確定達成目標的道路。

如果能夠一步步確實按照計畫進行，通常會帶來相當的成就感。這樣一來，就能與下一步的行動欲連結在一起，進一步加深成就感。如此一來，就不再需要「假造的能量」鞭笞自己，就能夠更快速、更順暢地行動。也就是說，可以讓行動持續下去。

所以，建立可實行的計畫，對達成目標來說是非常重要的。

最初在設定目標的時候請你回想一下。

人在訂定目標的時候，都是充滿幹勁的。也就是說，是在狀況好的時候定下計畫的。

不過，若實際行動起來，無法如預定的進行時，往往會把預定內容拖到第

● 當計畫不如預期般執行，常見的負面螺旋循環

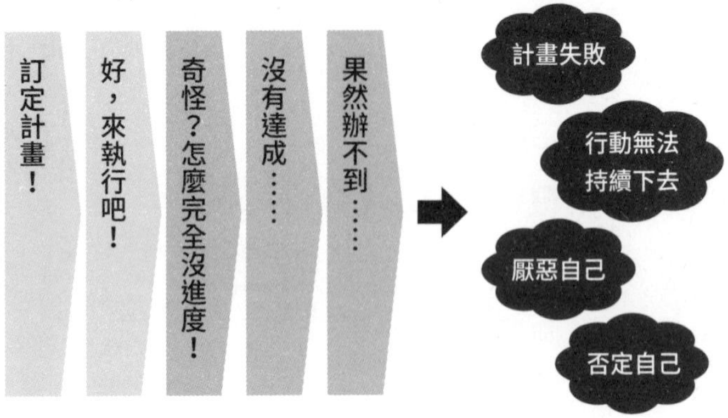
訂定計畫！
好，來執行吧！
奇怪？怎麼完全沒進度！
沒有達成……
果然辦不到……
計畫失敗
行動無法持續下去
厭惡自己
否定自己

但是，有問題的不是你，你只是把時間預估得太天真了！

二天，結果很容易就會變成完全沒辦法按照計畫進行。

大家是否都有過這樣的經驗？好不容易抱著嶄新的心情定下了目標，如果後來計畫進行得不夠腳踏實地，心情也很容易跟著越來越萎靡。

最後，因為計畫進行得不如預期，於是自暴自棄，覺得「算了！」，又想到「今天又沒辦法按照預定」，就陷入自我厭惡，或是覺得「果然做不到呀！」而開始否定自己……。

真正的問題不是出在你身上，你只是沒有準確預估到要花多少時間，又或者把需要耗費的時間估計錯誤而已。

從一開始就正確預估時間雖然不是一件簡單的事，但是有可實行的計畫擬定法，只要學會就可以了。關於這個可實行的計畫擬定法，將在第2章以後詳細說明。

「有可能實行的計畫」，就是以短期的角度來看，能夠完全按照預計的進度進行的計畫，而且以中期的觀點、長期的觀點來看，也可以逐一檢視執行。

所謂「中期的觀點」，就是相關行動能否將計畫持續下去直到目標完成。而「長期的觀點」，就是相關的行動計畫能否走向無悔的人生。

你想活出怎樣的人生？你想成為什麼樣的人？這些問題在這裡就可以當成是「願景」。

從你的願景出發，將「長期目標↓中期目標↓短期目標↓眼前的目標」全部串聯起來是很重要的。

● 從長期目標到眼前的目標

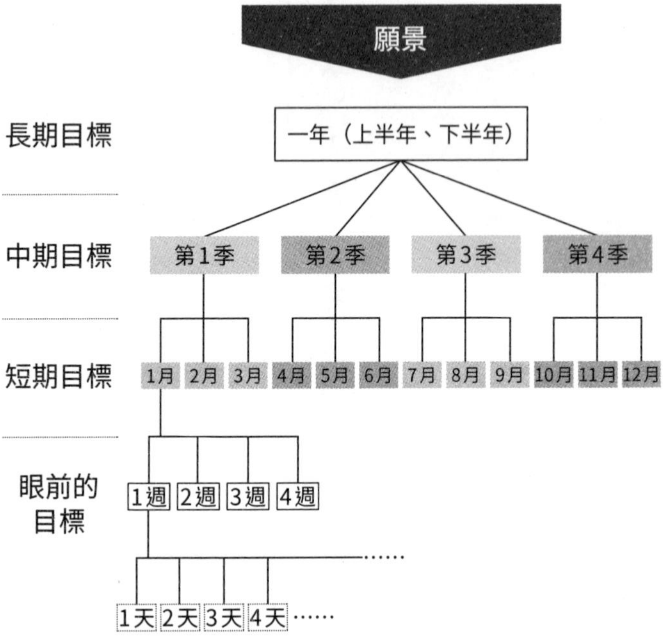

因此，確定眼前的目標是否能夠走向自己想要實現的人生方向，並且同時朝著目標前進是很重要的事。

重視自己的價值觀，同時採取時間管理術和計畫術，化為習慣等技巧再去行動，可以說就是能夠豐富人生的目標達成法。

將邏輯思考與非邏輯思考加以平衡，邁步向前去實現你的目標和夢想吧。

達成目標的必需要素③
能夠改變未來、現在就要立刻採取的行動

目標或夢想通常都不是立馬就能實現的事，能夠改變未來的，唯有目前立即開始採取的「行動」。我們先來了解通常是在什麼樣的狀態下，才能成功往前踏出一步。

就像踩腳踏車起步時總是踩得最用力，很多行動也都是最初的一步會最有力。「只要開始行動，就可以做到」，我想這樣的經驗任何人都有。

若是把最初的一步行動縮小、變得很簡單，就能夠很輕鬆地開始行動。

你知道「20秒法則」嗎？

「20秒法則」是哈佛大學的尚恩．艾科爾（Shawn Achor）在《哈佛最受歡迎的快樂工作學》（*The Happiness Advantage*）中介紹的習慣化技巧之一。

艾科爾在書中分享，**人在開始著手做一件事之前，會傾向於把比較費工的事情往後延，所以當你想要開始增加好習慣的時候，只須把這個行動所花費的功夫簡化為20秒就會非常有幫助。**

艾科爾為了養成早上起床後去健身房的習慣，便穿著運動服就寢，這讓他在出門前的準備時間減少了20秒。

把書放在你讀書的地方，讓筆記本保持敞開等等……20秒法則可以運用在任何事情上。

此刻的我也是，在寫這本書的原稿時，「寫書」這麼大的行動要攀登的山頭太高了，無論如何好像都很難跨出成功的第一步。「每天寫三千字」對行動來說，好像也是太大的一步。

然而，「在前一天，把明天早上要開始寫的第一句話，先寫在筆記本上」，「起床後，立刻打開電腦電源」，「打開電腦後立刻打開Word」，「把前一天寫出來的那段文字打進去」，像這樣把這小小的一步事先做好的話，就不需要特別去催油門，通常能夠很順利地打出文字，不必特別鼓勵自己起身工作。

為了持續朝著目標和夢想行動，首先就把你的計畫化為小小的行動跨出一步。配合這一小步養成每天的習慣，自然就能夠持續朝著目標行動下去了。

Check List

- □想像達成目標後的自己。
- □那些能夠引導你走向想像中的未來的事，請努力去做。
- □擬定可實行且不會半途而廢的計畫。
- □迅速、穩定地朝著目標和夢想跨出一小步。

3 定下目標卻無法達成的三個常見理由

接著，來看看定下目標卻無法達成的理由吧。把前一篇說的達成目標的三項必需要素結合在一起記下來的話，就能更有意識地實踐下去。

定下目標卻無法達成的常見理由①
「不得不做」的心態

檢視目標時，心情是「超想達成的！」和「不得不達成！」，這兩個哪一個會讓你更加有力朝著目標和夢想持續行動下去呢？

「超想達成的！」是發自你內心的渴望，因此給人一種踩著油門前進的印象。「不得不達成！」就給人一種背後有很多掙扎，好像踩著煞車又同時催著油門前進的感覺。後者會帶來負荷，因此哪天停止行動也不奇怪。

如果你有想做的事情或目標、夢想，當你面對它時，你的心情如果變成了「不得不做！」的時候，那就要注意了。

當你一旦覺得「不得不做！」時，請先解開你會這麼想的背景原因。例如，是因為不得不賺錢、不得不通過資格考試等等這種不是自己決定，而是包含社會普遍期待的想法或公司規定的因素在內，除了你自己以外的其他人替你決定了目標嗎？

或者，是因為這個賺得比較多，或是擁有證照資格比較好轉業等等，是以條件來設定的目標？

當然，以這些作為轉變的契機並沒有什麼問題，人都是因為「想脫離現在的狀況」、「總覺得再這樣下去不行了」的心情為開端才開始行動的。

不過，如果一直都是以這樣的狀態朝著目標往前跑是相當危險的，因為你已經棄自己的心情於不顧了。

● 定下目標卻無法達成的3個常見理由

- 「不得不做」的心態
- 時間預估得太天真
- 任務太龐大

前一篇提過**總是自我鞭策的「假造的能量」，這種能量就算一開始很有爆發力，也經常無法長久持續下去。**

不要因為「想要轉業，所以不得不通過資格考試」，把主詞換成「自己」吧。

例如，「『我』想運用過去培養出來的經驗，轉到A公司提升技能。要轉到A公司去，通過資格考試是必要條件，所以9月的考試一定要過。」

像這樣，**以自己為主體設定目標，逐步擬定計畫是很重要的。**

「應該要做」、「不得不做」的背

景，或許隱含著這樣的心情。

「應該要做……（雖然明白，但還是很不安啊！）」

「應該要做……（雖然明白，但其實不想做啊！）」

「應該要做……（雖然明白，但是我辦不到啊！）」

若是隱含著不安的心情，就把這份不安的心情說出來吧。

如果隱含著其實不想做的心情，那麼為什麼不想做？真正想做的又是什麼？這會使你的人生無悔嗎？諸如此類，請從各種角度詢問自己吧。

如果是覺得自己辦不到，那麼你為何會這麼認為呢？問問自己，就會出現解決的頭緒。掌握你做不到的具體原因，就能進一步梳理出該怎麼做了。

如同前一篇所說的，「我超想達成！」的狀態，是有興趣、會主動關心這種「本質能量」的泉源，因此比較容易長期維持動力，比較容易持續行動下去。

相反地，**如果「不得不做！」是行動的起源的話，就比較容易陷入惡性循環。**如同前述，這是一種踩著煞車同時又催油門的狀態，比較容易停止行動。

「應該要做，但是我辦不到……」

←「總之，非做不可」，企圖鼓勵自己發憤圖強

←負面情緒蔓延，結果拖到「明天再做吧！」

←開始責備自己無能：「今天也沒有做到！」

如果落入這樣的循環，就真的很可惜了。因此，當你有「不得不做！」的感覺時，請你把這樣的心情從何而來爬梳清楚。

定下目標卻無法達成的常見理由②

時間預估得太天真

擬定「可實行的計畫」，是指擬定在實際行動時進度和預定可以分毫不差的計畫。也就是說，要花多少時間在哪件事上，要對預估的時間有某種程度的正確掌握度才行。為此，必須寫出這個預估的時間，確實了解與實際所花的時間有多少落差。

大多數的人預估的時間，都會比實際花費的時間更少，結果造成「還沒做完！」這種與時間賽跑的情況。

沒有預估好時間，或是時間抓得太緊的話，很容易造成計畫失敗。夢想還未實現，行動就終止了。

而且，也不是只要估算出與目標直接相關的行動所需要的時間就可以。假設眼前有一個為了考取證照考試、需要保有時間念書的人，我首先會建議他：「不要加班，盡量在上班時間內把工作完成吧。」

因為現階段最重要的事，就是必須朝著證照考試目標來死守念書的時間，但這也不是只要不加班就可以。解決方案並不是「本來要做的業務當天做不完，但是因為不能加班，所以就留到明天再做吧。」

「本來想做卻沒有做完」這個事實，帶來的損害會比你想像的更大，會給你之後的時間使用方式帶來阻礙。

這是因為引發「沒有做到」這種負面情緒的機率會提高。而且，你會一直在意沒有做完的業務，即使下班後，腦袋仍然沒辦法切換模式專心執行預定計畫。

反過來說，效率良好地完成工作，並且能夠按照自己擬定的計畫進行，就能夠心情愉快地切換到下一個模式。

工作時間如何度過，乍看之下與資格考試的念書準備沒有關係，但其實關係可不小了。

我們每個人都有著各種不同的角色，這在前文已經說過了，因此**除了實現目標和夢想所需的行動要花的時間，把其他時間也整頓打理好是很重要的。這麼做，也會提升實現目標和夢想所花費的時間的價值。**

不要把估計的時間抓得太緊，盡量把時間估算到具有某種程度的準確性，訂定可實行的計畫吧。

定下目標卻無法達成的常見理由③
任務太龐大

目標的那座山頭很高的話，可能會讓某些人感覺充滿力量，但是相對地，也會讓很多人在著手之前就消耗了許多能量。

A先生的腦子裡雖然覺得「那件事非做不可」，卻遲遲無法開始著手。大腦的角落經常堆著「那件事非做不可！」的念頭，但「那件事」究竟是什麼？

你問A：「你需要花多少時間來整理『那件事』？」結果他回答：「大概需要二十個小時吧。」

然而，一旦將「那件事」這個不清不楚的東西，落實成行動來細分化，把所需的時間估算出來之後，可能就會發現那其實是八個小時內可以完成的東西。大致上的預測與將行動細分之後得出的預測，出現了十二個小時的差異。

也就是說，你很有可能在心裡把任務的山頭想得太過巨大，在開始動手之前已經耗費許多能量。

明明是非做不可的事，卻遲遲無法動手，一直存在腦海裡，這樣的狀態很容易導致其他事情也無法專心一志，做什麼都「未完待續」，結果這段時間過得心情鬱悶。如果是這樣使你的表現變差，那真的是很可惜的事。

把支配你大腦的「那件事」，用具體的行動基礎來分解後，也可以把整個過程、所花費的時間都設想好，因此可以毫無迷惘地開始行動。

如果你遲遲無法行動，請你把攀登高山的具體行動順序寫出來。一面想像著自己實際行動時的各種狀況，細分成行動基礎，一面寫出具體的順序，這就是「視覺化」。

這麼做，可以有效提高你採取行動的可能性。

Check List

□以「我」為主詞擬定目標。
□不要用懷疑自己是否真能做到的擔憂心情去做。
□在做任何事之前，都先把「預估的時間」寫出來。
□記錄預估的時間和最終花的時間兩者的誤差。
□把完成一項大型任務的過程，先用具體行動寫出來。

4 達成目標靠的不只是DO，而是妥善PLAN，讓DO持續進行下去

應該很多人都知道「PDCA循環」吧？PDCA就是PLAN（計畫）、DO（執行）、CHECK（查核）、ACT（行動）這四個英文單字的首字母組成的，是一套用來促進持續改善的方法。從「計畫」到「行動」改善為止反覆執行一連串的流程，就能夠提高業務的效率和品質。

PDCA不只可以用來改善業務，也是一套可以用來幫助達成個人目標的架構。

想要改變現實、實現夢想，執行、也就是「DO」是最重要的。不採取行動，就改變不了什麼。

只是，要達成目標、實現夢想，最重要的是要徹底完成行動，若無法持續

行動下去就沒有意義。正因如此，**一個能夠持續行動的計畫，以及掌握實行計畫要如何利用時間的方法就很重要。**

第1章的章名〈達成目標八成要靠計畫〉，並不是指花在計畫上的時間或心力要占八成的意思，也不是指要仔仔細細、小心翼翼地擬定計畫，務求擬定完美計畫的意思。

所謂的「行動計畫」，是為了讓自己能夠持續行動下去，要擬定準確度達八成的計畫。若是規劃得太過縝密，只要有一個地方無法按照計畫進行，就很容易使得行動中止，像這樣的計畫反而危險。

只要能夠順利踏出最初的一步，並且持續行動下去，說真的計畫不需要太縝密也沒有關係。

把計畫擬定得太細密的人，因為把各項任務都細分化，很多心思都花在決定什麼時候做什麼事情了，像這種計畫很容易掐住自己的脖子。

請容我不客氣直說，就是計畫很豐滿，現實很骨感。

● PDCA循環

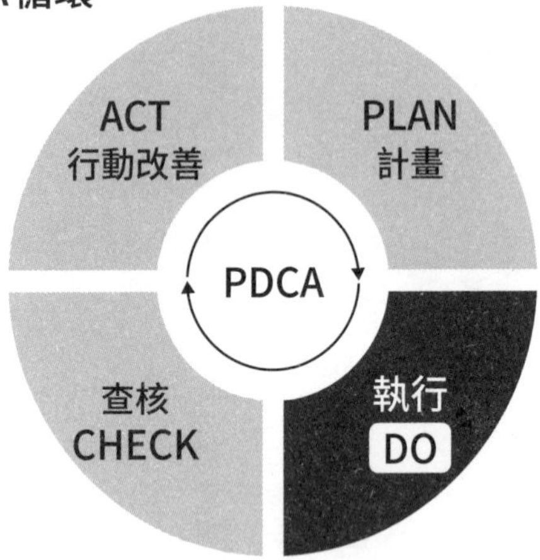

我們是人，人跟AI不同的地方是我們有情感，因此使用時間的方式總會不平均。沒有妥善考慮到這一點的計畫，就會悲慘得四分五裂。

就算人也像AI那樣變得像工程設計般，就不會再有自己主動去做的喜悅。可以說，就會變成「不得不做」，而不是「自己想做」的典型範例。

採用有科學根據的時間管理術當然是很重要的，但是請別忘了我們並不是AI。

如果過度壓抑了自己的情感，行動很容易中止。無理勉強自己持續下去，身體跟心靈都會出問題。

雖然必須先把任務細分到讓自己可以成功踏出那一小步，但是說穿了，也只是最初的一小步而已，不需要全部都先拆解細分也沒關係。因為現實就是，越是把細分化的任務寫出來，就會有越多的人嘆著氣說：「竟然有這麼多事情要做啊！」

重要的是，不要忘了「自己現在是為了什麼而做。」

不過，話說回來，計畫擬定得太粗糙，行動也會無法持續下去。並不是只要把短期目標寫出來放著，把任務寫出來就好。

- **為什麼要設定這個目標？**
- **這就是最短期快速可以達成目標的方法嗎？**
- **優先順序這樣排可以嗎？**

要像這樣，擬定目標的方法、使用時間的方法，都需要意識到目的並帶著客觀的角度來看。請想想看，「PLAN」**是為了讓「DO」能夠順暢進行下去**（第2章以後會說明具體的計畫擬定法）。

無論擁有多棒的技術與知識，若不能善加利用就沒有意義。不要想得太難，學會對自己來說舒適好用的計畫能力吧。

Check List

- □計畫不必訂得太細，以免執行的時候太疲累。
- □計畫不能訂得太粗糙，別讓目標模糊不清。
- □訂定計畫是為了能夠順利執行，達成目標。

5 從「大」到「小」，善用分解計畫術就能達成目標

為了朝著達成目標和夢想持續行動下去，關鍵就是要將目標和時間與任務分解開來。

（1）將目標分解成長期、中期、短期

有些人擅長花很長的時間來擬定「長期目標」，但是比起太過遙遠的未來，也有人對於擬定眼前的「短期目標」更加拿手。其實，**若能學會將長期目標與短期目標妥善結合在一起，人生的滿意度也會提高。**

如果只有長期目標則目標太大，以至於不知道現在到底該做什麼才好，於是現狀毫無改變的可能性很高。相反地，若只有短期目標，就變成每天只重視過

完當天的日子，很可能被眼前該做的事情追著跑，時間一天一天就這麼過去了。目標大也沒關係，就先把餅畫出來，然後再將它分解。又或者是，先把眼前的事情描繪出來，再想像一下這些事情累積之後的樣子。

在擬定目標的時候，經常也會設定好「要做到什麼時候」。有既定的期限在那，很多人才會有行動力。

期限就設定為3～5年、1年、3個月、1個月、1週、1天（如第34頁的分解圖）。期限越長，就越難明確地描繪出想法。藉由逐步分解時間，來決定實際的目標和具體的行動任務。

(2) 分解任務的目的

分解任務的目的有三個：①為了減輕心理負擔；②為了推算出正確的預估時間；③為了能夠立刻踏出行動的第一步。

①為了減輕心理負擔

對一個人來說，必須越過的山頭越高，就越會產生「不想面對」的心理。因此，用具體的行動基礎來想像是很重要的。

②為了推算出正確的預估時間

預估的時間與最後的結果誤差越大，計畫就越不可行，動機也會降低，甚至導致自我否定。若能推算出誤差較少、較為實際的預估時間，也會給人帶來自信。

③為了能夠立刻踏出行動的第一步

因為很重要，所以說過好幾次了，不採取行動，現實就不會有任何的變化。踏出這一步是非常重要的，只要能夠踏出一步並且持續下去，就會連結後面的行動。

Check List

□把目標、時間和任務加以分解，讓行動更容易持續下去。

第2章

1年目標的分解計畫術

（1年目標↓3個月目標）

1 定下目標之前，先整理時間的基礎

在開始分享如何分解「目標」和「時間」之前，請容我先稍微談談什麼是「時間管理師」（Time Coordinator）。

所謂的「Coordinate」，通常是用在服裝界或室內設計界，選擇自己喜歡並感覺舒適的商品加以組合搭配，讓「整體協調」所使用的英文字彙。

以此為靈感命名的「Time Coordinate」，則是包含有「時間不只需要『管理』、『有效率』，更希望世人能夠理所當然地認為自己對於時間的選擇和運用，是為了充實人生」這樣的願望在內的時間使用概念。

不僅學會管理用在工作或達成目標上的時間，更希望你能夠意識到，這是人生的一部分而學會整頓好自己的時間使用方式。若非如此，就無法和時間好

好相處。

因此，**首先請你自由地思考一下，你想要活出怎麼樣的人生？把你的願望寫在筆記本上。**

或許有些人會覺得「『想要活出怎麼樣的人生？』這題目也未免太大了，我現在沒有辦法思考」，「怎麼覺得好像非得寫一些高尚的事情才行？」，可能也有人納悶：「告訴我怎麼達成目標的方法就好了！為什麼一定要思考什麼人生哲學呢？」

其實，不需要想得太複雜，也先不用寫出非常具體、明確的人生方向。

既然如此，為什麼會說要思考自己的人生要怎麼活呢？那是因為如果這些目標偏離你的價值觀和人生方向的話，最終會給你帶來負擔，你會變成硬是強迫自己去努力，結果導致不再行動了。

所以，為了確定沒有偏離你的人生方向和整體目標，首先必須思考：你的人生要怎麼活？

如果只是朝著目標把眼前的事情逐一完成，我們難免變得比較短視。很多成果並非一朝一夕就可以取得的，是一天一天日積月累才能呈現出重大成果。

即便心裡明白這一點，但每天明明都很認真做事，卻好像得不到回報，難免就會詰問自己：「這樣下去，真的可以嗎？」

每當這種念頭出現時，希望你可以想想「是為了什麼，現在要做這件事？」，把眼光望向你的初衷。

你是為了什麼努力？如果丟失了這樣的目標意識，最後很可能就會出現倦怠症候群，這是指本來懷抱著熱情和意欲努力的人，最後就像燃燒殆盡似的，突然失去了氣力。

好不容易能夠朝著目標和夢想積極努力，最後卻變成這樣也未免太可惜了。為了避免這種情況發生，回想你的目標意識會很有效。

- **你想活出怎樣的人生？**

- **所謂「不後悔的人生」，對你來說如何定義？**
- **你重視的價值觀是什麼？**

這些問題的答案，是對自己加油打氣，也是你的指針。**為了實現目標和夢想，或者與其說是為了實現，不如說是為了在你心情跟不上步伐時，可以好好停下腳步，回顧一下自己重視的是什麼，所以希望你把它寫下來。**懂得適時停下腳步回顧，會成為你再度前進的能量。

這些問題的答案，在本書我用更淺顯易懂的「願景」來稱呼。就算你的願景目前看起來不是很完整也不要緊，只是條列式書寫或只有單字也沒關係，例如：

- 家人們都健康有朝氣。
- 用自己喜歡的事而且帶著使命感，對社會做出貢獻。
- 人生只有一次，所以要懂得享受。

為了幫助自己達成目標、實現夢想，最重要的並不是整理出華美的辭藻，而是寫出來，然後好好去認識、落實在日常中。「那些美麗的辭藻，總有一天寫得出來」，這樣輕鬆看待就好。
那麼，就先從願景開始，設定你未來一年的主題。

Check List

- □你想活出怎樣的人生？寫下來。
- □「不悔的人生」代表什麼？請寫下來。
- □把你重視的價值觀寫出來。

2 設定用1年達成的目標

寫出願景之後，接著就開始思考長期目標吧。

雖說是「長期目標」，但是一般來說，期間約為1～5年，各有不同。在我的個人目標當中，我認為1年的目標已經很足夠。1年的目標，我認為期間已經相當長。

理由後面會再跟大家說明，但是1年以上的目標，例如：「轉職」、「獨立創業」、「買房子」等，大致上粗略寫出來也不是問題。

與其說這些是「目標」，不如先想成只是一個「主題」就好。當作「目標」的話，很多人的腦子裡閃過的是「非做到完美不可！」，結果就變得無法做了。所以，輕鬆一點看待，反而比較好。

如果「願景」就是「寫出你的價值觀」，那麼「長期目標」就是「寫出你想要獲得的成果」。寫出來，本身就有價值。

當時，我也是簡單寫了「三年後，可以法人化就好了」，「這個工作我可能三年內就會離開了」，結果一年就實現了。

不只是我，我的客戶中也陸續出現「描繪的是三年後的事，結果半年就實現了！」，「總有一天能夠達成就好，結果一年就全部達成了！」這樣的人。

把腦海中模糊的感覺原本的模樣，就算是用笨拙的詞句寫出來也無妨、加以視覺化，發生改變的速度就會有天壤之別，這是因為ＲＡＳ（腦幹網狀活化系統）的功能發揮了作用。

ＲＡＳ是大腦在無意識間大量捕捉並過濾自己有興趣、關心的事物的一種功能。例如，如果你特別意識到懷孕這件事，就會經常在街上看到孕婦，或是在你考慮買車之後，就會看到你考慮的車款更常在街上出現，這種情況就是ＲＡＳ在發揮功能。

靈活運用RAS的功能，幫助你更容易獲取實現未來所需的資訊或機會。簡單就好，寫出1年的目標吧！意想不到的事情，或許就有了實現的契機。

Check List

□你的「願景」就是「寫出你的價值觀」，你的「長期目標」就是「寫出你想要獲得的成果」。

□把眼光放在一年後，寫出你的「1年目標」。

3 長期目標的五個陷阱

前一篇說過，在個人目標當中，1年目標就足夠了，甚至1年的期間都算相當長了，理由就是本篇要討論的長期目標的五個陷阱，接下來一一說明。

長期目標的陷阱①
新年新目標九成都會忘記

根據某項研究顯示，**在新年時定下的目標，到了年底還記得目標的人不到一成。**

大家為什麼會忘記自己設定的年度目標呢？不少人是因為就算定下了目標卻沒有寫出來，又或者寫出來了卻沒有回頭去看，還有些人是在定下目標以後就覺得滿意了吧。

即使一開始意氣風發、興致盎然朝著達成目標開始著手，最後卻忙於每天的日常工作而停止了行動，結果就是最後連目標都忘記了。

此外，就算是把目標寫出來每天看著，若是設下了不可能實現的目標，當然也就不可能達成。

年度目標是很多人在新年之際或新的年度時定下的吧？

「新的一年，新的想法！」在充滿幹勁時定下的目標，往往都不是落在日常生活的延長線上，比較偏向是在心情高昂時定下與現狀相距甚遠的目標。

若是定下了不切實際的目標，就算一開始氣勢如虹開始行動，也很容易會在中途因為「還是設定得太勉強了！」而放棄，到最後把目標也忘光了。

長期目標的陷阱②

把一年內可以做到的事情看得太高

一年內可以做的事情很有限。

人在看待所需時間的時候，本來就有想得太樂觀的傾向。「我以為，只要五天就可以做完的！」因為完成暑假作業的計畫全毀，最後變得很痛苦，這完全就是暑假最具代表的風物詩。

一九七九年，行為經濟學者丹尼爾・康納曼（Daniel Kahneman）與阿莫斯・特沃斯基（Amos Tversky）提出了**「規劃謬誤」（Planning Fallacy）**，**提及人們對於計畫達成所花費的時間，往往估計得比實際花費的時間短。**

如果這個時間是一年的話如何呢？預測和現實會產生更大的差距也很正常吧。

在世界知名績效教練安東尼・羅賓斯（Anthony Robbins）的名言當中，也有**「人們把一年內可以做到的事看得太高，又把十年內可以做到的事看得太低」**這句話。

「可以的話，希望能用輕鬆的方法快點獲得成果！」，會這樣想也是人性。

「三個月減10公斤！」「三個月多益考900分！」「三個月創下單月業績7位

數！」經常看到這樣的文案，也是因為很多人覺得這些話很有吸引力。

但就算一心急著想要得到成果，實際上並沒有那麼簡單。不過，儘管一年很難，但是持續做上十年就會有很大的變化。

此外，很常見的一點就是，當人們想要消除目前的不滿時，總會傾向於把許多東西都塞進1年的目標裡。若以「不滿」為起點設定目標，這些林林總總的目標，其實有時在人生當中的重要度並不高。

舉例來說，如果你因為對公司經常加班感到不滿，就定下「辭掉工作！每週只工作3天，每個月要月入百萬以上！」的目標而去實行。

結果，因為以每個月要賺百萬以上為優先，不得不去做不適合自己的工作，於是開始後悔以前雖然加班多，但是人際關係良好其實也幫了不少忙。

就算是好不容易定下了目標，卻很常被其實不是很重要的事情追著跑，時間也浪費掉了。

有一點值得注意的是，**以負面情緒為起點的行動，就算有瞬間爆發力也**

經常無法持久，最後往往容易陷入只是花了很長的時間，卻沒有達成任何事情的狀態。記得，要經常問問自己：**為了實現人生願景，是否真的應該達成這些事？**很多時候，其實並非如此。所以，在你把各種目標塞進去之前，請先問問自己：「這件事，真的有必要嗎？」

長期目標的陷阱③
只要採取行動，目標就會變動

設定目標開始行動之後，卻在中途改變目標，像這樣的經驗應該很多人都有？中途改變目標其實很正常，任何事都是沒有嘗試過就不會知道。

- **發現當初設定的，跟自己想要的方向不同。**
- **發現還有優先順序更高、更應該做的事。**
- **發現這不是自己的本意，而是因為「不得不做！」設定的目標。**

像這些，都是真正開始行動之後才會發現的事。

另一方面，也有些人屬於一旦定好計畫就非常執著，就算覺得有點奇怪也想做到底，這種特質稱為「一致性原理」，就是希望自己的行動能夠維持一致性。

還有些人是堅定地鎖定目標、擬定計畫，執行到後來儘管覺得「好像失敗了」，也不能轉圜，無法重新擬定目標。

為了踏實穩步向前邁進，讓目標或計畫保留一些空間，以便可以彈性修改和調整，也是很重要的事。

目標的期間越長，修改的機會越會增加，因此長期目標只要設個基準程度就好。

長期目標的陷阱④
總是會往後延

假設你設定了新年目標，在1月的時候，有可能實現目標的機會看似來臨了。然而，眼前卻有成堆緊急度很高，而且必須做的事。這樣一來，通常會覺得「就算現在不做，也還有時間……」，於是把好不容易到來的機會往後延，從眼前緊急的事務開始處理。

後來怎麼了呢？

緊急的事情終於處理完了，結果又有緊急的事情來了。

各位明白了嗎？

緊急的事情陸續出現在眼前，不知不覺什麼新年目標已經從你的腦海裡消失了。

好不容易立定志向設下目標，一直往後拖延就失去意義了。目標越大，往後延的機率就越高。

長期目標的陷阱⑤
時代不會等你

時代潮流也不能無視。例如通訊工具，一九九六年時BB Call的普及率達到巔峰，但是之後變成ＰＨＳ、行動電話、智慧型手機，大約十年間就有急劇的變化。

在這當中，假如你是一名工程師，無視年年加速變化的時代潮流，從一九九〇年代開始，非常認真勤奮地耗費許多時間改良BB Call，最後終於開發出自己很滿意的BB Call了。可是，如今早已變成智慧型手機的時代了，好不容易改良做出很棒的BB Call，卻沒有太多人會去用。當然，這是很極端的比喻，但是也有類似的可能。

我也有過無視時代潮流而錯失機會的經驗。

二〇〇八年我到韓國留學，這件事其實是二〇〇六年十一月就決定的。從我下定決心到真的去留學，為何花了一年多的時間？因為我想存留學資金，還有就是希望能把韓語實力提升到一個程度再去。

二〇〇四年開始，以裴勇俊《冬季戀歌》為開端，在日本興起了一股韓流。然後，這股風潮慢慢地從電視劇開始往Ｋ－ＰＯＰ延伸，從中年女性擴展到年輕世代。

配合這股韓流風潮，我去韓國留學的時候，到韓國留學變成了一件非常流行的事。當地的語言學校（由韓國國公立大學、還有私立大學經營，為了留學生開設的韓語學校），班上有三分之一到二分之一的學生是日本人。

因此，就算想找可以用到韓語的工作，因為會講韓語的日本人增加的緣故，只有留學韓國經驗的程度就變得比較難找工作。就在我延後留學的一年當中，時代潮流已經改變了。

結果，我念完語言學校畢業後，一年間都在當地打工生活，之後才找到正職工作。我本來應該可以比同一時期想找韓語相關工作的人還搶先一年取得機會才是，所以這樣的事實不容忽視。

以結果論來說，可以說正是因為延後一年留學才會遇到這家公司，但是要說「早知道」的話，那可是沒完沒了的。

在思考你的人生發展時，觀察時代的趨勢是非常重要的。

想著有時間再去海外旅行於是往後延，結果受到新冠疫情影響而去不了，就是很好的例子。

這個世界可不是繞著自己轉的，請不要忘記這一點。

你現在想做的事情，真的可以以後再做嗎？

Check List

- □新年的目標有九成會忘記。
- □不要把一年內可以做到的事看得太高。
- □只要開始行動，目標就會變化。
- □設定目標之後，不要一直往後拖延。
- □要觀察時代的趨勢。

4 將「1年目標」分解成四個「3個月目標」

想要實現長期目標、不落入拖延陷阱，就必須將目標再分解成實際的計畫，然後立刻轉為行動。

如果是1年的目標，可能比較蓬鬆一點，時間過去之後，很容易夢想仍只是夢想。

為了規劃務實的行動計畫，就必須要用更小的單位來看，因此我們要把「1年目標」分解成四個「3個月目標」。

把時間設定成3個月，比較容易想出跑到這個終點必須完成的任務，這也是一段比較容易安排工作行程的期間。

(1) 需要中期目標的理由

企業的事業計畫或經營計畫等，是為了企業的存續，必須看著長遠時間來規劃該做的事。因此，擬定5年、3年等中長期時間單位的計畫是很基本的。

然而，個人的情況則如先前所說的，即使定下長期目標，一旦付諸行動，經常會發生必須改變目標的情況。如果以短期目標來擬定計畫，會因為現在要做的事情很明確，比較容易化為實際行動。

再重複一次，就算擬定了再了不起的目標，若無法「現在立刻」踏出行動的第一步，那就沒有意義。為了讓自己比較容易付諸行動，把目標也縮小一點來看吧。

以企業的情況來說也是一樣，會由中長期目標開始盤點，在每一季設定目標，每一季進行評估。

藉由每一季回顧一次，可以預期會有業績提升或員工動機的提升，部門內的共同目標可以提升團隊表現等各種效果。

以企業的情況來說，每一季的目標都算是短期目標，但是對於個人的情況來說，就可以算是中期目標。

個人經常擬定的就是1天～1週左右的短期目標和1年～3年左右的長期目標吧？我相信，設定其中一種目標，或是兩者都設定的人應該很多。

然而，**光靠這些短期目標和長期目標的話，很可能費心設定的目標沒有徹底做出成效，還使計畫失敗。**只有設定短期目標，變得只是為了消化眼前的工作拚命努力；只有設定長期目標，又覺得不知道為了未來該做什麼才好，時間就這麼過去了，造成十分可惜的情況。

此外，就算是擬定了短期和長期兩種目標，也因為期間距離太長，以至於在大多數情況下都很難擬定相互配合、腳踏實地的計畫。

因此，**我強烈建議個人也要設定每一季，也就是3個月的中期目標。**

(2) 為什麼要分解成「3個月目標」？

為什麼是3個月？因為很容易盤點出現在就可以立刻進行的任務。

突然要從年度目標盤點出今天要做的工作會很難，若是從「3個月目標」來盤點的話，就很容易有實際的想像，可以盤點出詳細的大項工作任務。還有一點，就是為了確實掌握擁有的時間。

現在設定好目標，但是你究竟有多少時間朝著達成目標邁進？也有可能一個月後、兩個月後，早已經有安排好的預定事項吧。

不把這些前提都想好的話，就會變成空有理想的計畫，從一開始就窒礙難行。

至於寫出「3個月目標」的方法，可以從「1年目標」開始寫出每三個月目標這種寫法，或是從最近的三個月開始把各項目標寫出來的方法，都不要緊。

差別在於：你可以描繪出多久以後的未來。

舉例來說，一年後要去考轉職需要的資格考試的人，就可以用一年後反推回來定下三個月的目標。可是，三個月後就要去考資格考試的人，資格考試的結果就會改變後續的動作。

此外，學習教練式領導法，決定要在商業上發揮這種教練式領導技巧的人，和因為對教練式領導法有興趣、想先去體驗一下教練式領導的人，兩者設定目標的方式當然會不一樣。就算同樣是教練式領導法的學習，前者是已經能夠約略看見未來的程度，後者則是要先去試試看才知道的情況。

不過，這裡並沒有誰的方法好壞的問題，無論要做什麼，不試試看就不知道未來會如何。目前還不知道未來的人，並不需要勉強自己設下未來的計畫也沒關係。

不擅長訂定長期目標的人，暫時不用想得太遠也無妨。先看到最近三個月，可以的話，再看到六個月後的未來就好了。實際上開始行動之後，你就會慢慢看見未來的曙光。

無論用什麼方法寫出來，這個**「3個月目標」是否和你人生中很看重的事情，也就是「願景」連結？這一點，請你務必檢視一下。**

如果在這一點上有出入，那就有可能在自己也沒有察覺到的情況下，變成一面踩著煞車一面催著油門的狀態，自我消耗。

③ 用3個月做一個計畫

其實，很多想做的事情或是目標和夢想，並不是現在馬上就得做，並不是緊急性很高的事項。所以，就算有再怎麼想做的事情，人往往會把力氣先用在解決眼前堆積如山的工作上。

不過，如果都是這樣的話，就會無法保住「做自己想做的事情的時間」。很多事情和目標或夢想，就會越來越往後拖延，沒有確實去實現。

就算一直這麼想：「想要有時間從事自己的嗜好」，「想學一些東西考資格檢定」，「想要減重」，「想整理東西」，很容易就會變成「等有空再做好了……」，然後一直往後拖延。

「有時間的話，想做自己喜歡的事」，像這種意識無論經過多久，那個「有

時間」永遠不會來臨。也就是說，你想做的事情或目標和夢想，永遠也沒有實現的一天。

史蒂芬・柯維（Stephen R. Covey）所著的世界級暢銷書《與成功有約：高效能人士的七個習慣》中，介紹了「時間管理象限」（參見第4章第4篇的圖），相信應該很多人都知道了。這是將每天的活動以「緊急性」與「重要程度」的觀點來看，整理出優先順序、提高生產力的時間管理概念。

一般人對於緊急事項、突然映入眼簾的事、有人拜託你做的事、自己擅長的事，會有優先處理的傾向，然後因此造成把真正重要的事往後延而毫無進展的情況。

所以，**關鍵是：在緊急性升高之前，優先處理重要的事。**

想做的事或是目標和夢想，通常會分類到「雖不緊急，但很重要」的那一類。在仍處於緊急性低的狀態時，就安排到工作行程裡，逐步著手去做是很重要的。

把「3個月目標」當成一項專案來思考，優先安排工作行程去推進吧。

(4) 把「1年目標」分解成四個「3個月目標」

假設今年的主題就是通過資格考試，來看看如何分解成四個「3個月目標」吧。

首先，你也可以不要想成是3個月的「目標」，把它想成是3個月的「主題」也可以。

1年目標：通過資格考試

1月～3月：養成早起的習慣，吸收課本內容並產出，強化基礎
4月～6月：反覆將課本內容吸收及產出，練習考古題
7月～9月：目標是模擬考答對率七成，繼續練習考古題
10月～12月：目標是模擬考答對率八成，繼續練習考古題

分解成「3個月目標」的時候，最需要注意的一點就是，不要用理想論去設定。特別是一開始的那三個月，可能已經有排定的工作或事項，實際上沒辦法按照你所想的那樣確保所需時間。

這麼寬鬆可以嗎？一開始甚至這麼想也不要緊，等習慣之後再慢慢調整就好。

舉一個個人工作目標為例。

1年目標：比去年增加一千萬日圓的營業額

1月～3月：傾聽既有客戶的意見，整理潛在客戶的資料

4月～6月：製作業務工具與提案，進行業務角色扮演訓練，將簽約率由20％提高到30％

7月～9月：每個月拜訪30組潛在客戶，一個月達成10件簽約（目標持續至12月）

10月～12月：繼續第3季目標並修正軌道

針對公司的目標，就分解成部門或團隊的目標。例如，針對公司的年度目

標，部門或團隊就擬定四個每季度目標，再分解成最近的三個月具體應該如何行動。

Check List

- □一般人往往不是從「想做的事」開始做起，而是從「不得不做的事」、「習慣的事」開始做起。
- □有想要達成的事時，就要在其他預定的事情出現前，優先安排進去以確保時間。
- □設定三個月的中長期目標／主題。
- □特別是一開始的三個月，要設定可以做得到的目標。

5 把握時間做好決定

(1) 做不了決定的人會做的目標設定

有一種很浪費時間（和人生）的方式，就是拚命煩惱，煩惱個沒完沒了，結果到最後什麼事情也沒有發生就結束了。

日常生活中，我們都一直在做許多決定。尤其是重大決定，如果沒有特別去意識到的話，時間很可能就這麼不斷地流逝。

有決斷力的人，一般來說就是做決定很快的人。然而，**比速度更重要的是：這個決定做了之後，就不會再猶豫。**決定做得快固然很好，但速度也是可以之後再訓練出來的。

若是當下就立刻決定，但是做了決定之後又猶豫，只是證明你不夠信任自己。

在作出決定後，就應該把自己做出的決斷當成答案，剩下的唯有行動，必要時進行修正調整。因此，在決定之前應該先充分檢討，這是為了避免在決定之後又一直猶豫。

話雖如此，也不是要胡亂討論，**「到哪個時間點前必須決定」，釐清這一點很重要。**特別是涉及影響人生的重大事項，「在下定決心之前」往往會煩惱個沒完。然而，若是自己決定了期限和條件之後，就會產生真實感而展開行動。

在我25歲的時候，就曾經為了要轉職還是留學而煩惱。不論選擇哪一條路，都覺得不安恐懼而下不了決定，唯有時間每分每秒流逝。當然，我還有不轉職也不留學，就這麼留在同一個地方繼續工作的選項。但是，就是因為不想要這樣，所以我做了一個決定。

那就是給自己三個月的時間，試著去找其他工作轉職，如果有好的機緣就轉職，如果沒有就去留學。也就是說，我為了決定這件事，給自己設了期限與條件。

實際開始行動之後，我知道自己會多拚命努力找工作。

應屆畢業時的夢想破滅的我，在成為社會人後過著悶悶不樂的日子，當時的狀態是連自己想做什麼、該怎麼做都不知道。在這種狀態下找其他工作當然不可能順利，最後我便決定去留學。

決定留學之後，就再也沒有猶豫了。我知道，應該將這次留學韓國當成人生的轉捩點，總之就開始行動起來了。

因為決定了一個「決定」，現實才會改變。直到「下定決心為止」，煩惱真的很浪費時間。而且，就算你立刻決定了，如果在決定之後又開始煩惱，那就沒有意義。

人類之所以異於AI，是因為人類是有感情的。**人總是會有「內心掙扎」的時候，因此多少要給自己一點猶豫的時間，至於這段猶豫的時間要多長，就要看你要做的決定有多大而有所不同。**小事情的話就幾天，像轉職或獨立創業這種相對大事，就是花上幾個月的時間也無妨。在這段猶豫期間當中，必須拚命努力思考，雖然煩惱也沒關係，鞏固你的決心。遵守跟自己的約定，也會對自己產生信任的。

要如何達成目標，若是現在沒辦法立刻決定，就決定「一個決定」，先設法展開行動吧。

(2) 本來就做不出完美的計畫

許多人找我諮商時間管理的方法，使我有一種感覺，那就是真的有很多人是因為責任感強，拚命努力埋頭苦幹，才會因為被時間追著跑，而感到疲勞困頓。

這些人努力到自己都沒有發現自己有多麼拚命努力，像這樣的人我稱為「隱性努力者」。隱性努力者原本就是很有責任感的人，正因為「不可以不負責任」，所以才會有「不想失敗」的想法。因此，他們會傾向於想要擬定完美的目標、完美的計畫。

然而，目標和計畫本來就應該需要修改方向。企業也是，一面驗證，一面向上修正或向下修正。個人當然也是。

定下「3個月目標」，每週回頭看看，我陪好幾百人完成過計畫，但是完全按照計畫、不用修正方向就能夠全部實行完成的，一個人也沒有。

所有人都需要修改某些東西，幾乎所有人到了這裡，才第一次發現自己「超乎預期，把太多該做的事情塞進去。」

所以，在一開始擬定計畫時，把時間花在「企圖訂定完美的目標或計畫」是沒有意義的。**你應該注意的不是「完美」，而是「該怎麼做，才能夠輕鬆展開行動？」**

擬定目標或計畫的目的，並不是0與1或非黑即白。**就算無法完美實行所擬定的計畫，卻因為擬定了目標，才能有七成、八成的進展。如果沒有目標的話，完全沒有進展的可能性很高吧。**

此外，也有些人一想到無法做到完美，就選擇「乾脆不要做」。

比方說，可能有些人會針對升級考試擬定計畫，卻每天被工作業務追著跑，一直煩惱抽不出時間讀書。像這個時候，其實只要轉換心情，重新制定計畫就好了。不過，有人會擬定「連今天做不到的份，明天全部一起做」這種亂來的計畫，今天都沒做到的事連明天的份也要一起做完，這種計畫從一開始就可以想到會失敗。

但就是愈認真的人，才會覺得「不能找藉口」，勉強自己繼續把工作往上加。然後，到了完全無法調整改變的時候，甚至會連升級考試都放棄。

請務必記住：目標或計畫，本來就是會不斷修正方向。

完美的目標或是完美的計畫，本來就沒有人做得出來。為了實現想要的未來，唯有展開行動。

為了達成目標順利邁開一步，稱為「邁向成功的一小步」，英文是baby step。為了能讓這一小步一小步穩步向前持續下去，「3個月目標」就很重要。

即便是暫時寫寫看也好，先定下「3個月目標」，再進一步去分解吧。

Check List

□決定不了的時候，就決定「在什麼時候之前必須決定」。
□所謂「完美」的目標或計畫，並不存在。
□要知道，目標或計畫都是一面行動一面調整的。

6 特別推薦給不擅長分解的你：類別目標設定法

到這裡為止，已經把願景→1年→3個月分解開來了，如果連自己都一起考慮進去的話，可能有些人會覺得「分解好難啊」。

像這樣的人，我來教你三種類別的目標設定法。

(1) 推薦給不擅長分解的你！

1年→6個月→3個月的兩階段分解法

如果很難從1年一下子分解成3個月的時候，或是很難想像「1年目標」的時候，請你不妨改由「6個月目標」的角度切入。跟1年相比，6個月應該更容易擬定某種程度的具體目標。

本來分解目標的原因，就是為了確定「願景－長期目標－中期目標－短期目標－今日事項」是否具有一致性。然後，確定分解之後的每一個終點，是否跟該期間吻合。

我的意思並非一定要1年的目標，也不是非得要6個月的目標，而是為了確定前述提出的這兩點是否做到，有必要的話，再將「6個月目標」列入考慮吧。

(2) 不擅長設定目標的人的「1年目標」設定法

喜歡對遙遠的未來充滿憧憬想像的人，如果能夠腳踏實地做出計畫，夢想實現的機率就提高了。因此，別讓想做的事情最終仍停留原地，這是很重要的。

我的朋友B曾經告訴我：「希望有一天學會講英語」，因為英語流利的話，可以擴展各種可能性，所以很想實現。

這是後來我們之間的對話。

我：「學會說英語之後，你想做什麼？」

B：「能夠更有自信地跟母語者用英語對話，希望能有到海外交易的工作機會。」

我：「這個夢想很棒啊！來擬定實現的計畫吧！」

B：「其實，我很不擅長擬定目標跟計畫……」

B可以靠想像描繪出很大的願景，卻認為自己怎樣也無法實現。想像是自由的，所以要怎麼描繪都可以，但是在他的心裡卻隱隱覺得「反正做不到，不可能。」

似乎是由於擔憂無法實現，才成為他不敢面對現實的原因。

然而，失敗並不是失敗，發明家湯瑪斯．愛迪生（Thomas Edison）有一句名言：「我沒有失敗過，只是找到了一萬種不能成功的方法而已。」

沒錯。**試著去做但不順利並不是失敗，反而什麼都不做才是失敗，因為連試都不試的話成功的可能性為0％。**

不要用「一定要成功！」的心態，而是用「試試看吧！」這種玩遊戲的感覺來擬定計畫。

在這裡，我們就以B的「希望能夠學會流利說英語」為例，來逐步設定目標。

首先，原本「想要學會說英語」這個「想要」的表現，就是一種「願望」，而不是「目標」。為了實現，就要把這個願望變成目標。

B的目標是「能夠更有自信地跟母語者用英語對話，希望能有到海外交易的工作機會。」

假設這個目標希望在一年後達成，接下來就是確定這樣的時間跟目標是否適配。順帶說明，這次的目標：「能夠更有自信地跟母語者用英語對話，希望能有到海外交易的工作機會」，大致上可以分成3個目標軸，你發現了嗎？

①可以和母語人士用英語對話。

②擁有跟母語人士用英語對話的自信。

③擔任一家海外客戶的負責窗口。

就是這三項。**很多人往往會把多個目標組合成一個大的目標，這本身不是**

壞事，但是一旦朝著目標行動時，要能夠把各項目標逐一分解，才能夠提高達成率。

那麼，在分解之後，我們來檢視一下要達成這些目標，一年的時間是否適當？

B預測①、②若是以自己目前的英語實力，只要每天都有機會跟母語人士對話就沒問題。③就需要相當的努力了。

要達到③，B能做的有什麼呢？我告訴他：「請你把所有想得到的具體行動都提出來」，然後將這些提出來的行動加以分解，整理之後就是這些：

- 參加當地（海外）的商談會。
- 為了參加當地商談會，要對上司做簡報。
- 為了得到上司核准，必須製作企劃書。
- 要製作計畫書，必須蒐集過去的商談資料。
- 蒐集到過去的商談會資料後，整理成報告。
- 為了得到上司核准，需要前輩的建議。

- 在公司內部做戰略計畫簡報。
- 模擬在商談會中交涉的情形。
- 用英語進行交涉演練。

像這樣將行動分解，就可以看清楚具體該做的事。接下來，再來看兩點，確認一年這樣的時間長度的適當性。

第一點是，光靠自己努力是不夠的，也就是所謂「不可控」的部分。以這個例子來說，就是「一年內是否會舉辦商談會」等。

第二點就是，可以藉由自己的努力去左右的，也就是自己可以負責的事。這跟前一點相反，是可控的部分。

首先，先確認自己無法掌控的部分，是否可以過關？

以B的狀況來說，商談會將在八個月後舉辦，所以這一點沒有問題。

那麼，接著就要看B在一年的期間內是否可以有所進展，說得更明白一些，就是為了參加商談會，他能不能得到公司核准，英文能不能進步到夠好。

B說：「說真的，我覺得很不容易。但是現在不做的話，可能性就是零。現在開始行動的話，一年後或許還是很難，但可能性就不是零了。原本在腦海裡模模糊糊覺得想做的事，在現實中開始推進了，光是想像就覺得很興奮！」

B這麼說之後，便決定要往前推進。結果如何呢？

B從那時候起，每天早上六點半起床，上30分鐘的線上英語會話課程，努力提升英語能力。當然，他也變得有自信跟母語人士對話了，但是每天早上持續這件事本身，對B來說也變成了一種自信。

後來，在商談會上雖然沒能成為主要的交涉者，但是他得以進場支援上司，有了直至簽約為止的完整流程經驗。

真是太棒了。

其實，這個結果變得非常有趣。

B在目標中列出的是「能有到海外交易的工作機會」，結果變成了「負責協助上司進行部分海外交易的工作」，這樣的結果當然也很棒。

然而，B回頭看卻說：「負責擔任主要交涉者並沒有實現……」，其實他心裡想的是「希望能夠擔任主要角色」。如果他也確實把「負責主要角色」的目標寫出來，並針對這一點擬定行動計畫的話，說不定結果會變得不一樣。

這個故事還有進一步的後續。其實，在那半年後，B就在商談會中被賦予主要交涉的角色，成功簽下了合約。

正是因為立下了「1年目標」採取行動，才能使新的目標更加明確，並且針對這個新目標採取行動，結果才能成功實現。

B是這麼跟我說的：「好幾年來，一直只是在腦子裡想著『很想做做看』的事，只是把它分解、寫出來之後，竟然可以不再只是夢想，進展到這個程度，真的很驚訝。

在時間管理上，雖然也有估計得比較寬鬆一點的地方，但更重要的是，雖然沒能按照預定進行，卻能夠實際感受到很紮實地前進著，就不再焦慮了。

對於自己想做的事，能夠冷靜重新看待計畫，知道只是時間不夠而已，這也是很重要的事。」

如果沒有定下計畫，就可能只是在腦子裡想像就結束了吧。**以願景為起點分解開來，就能夠更正面積極地去實行。對於不擅長具體落實計畫的人，請務必試試看。**

(3) 不擅長描繪未來的人的「1年目標」設定法

不擅長描繪未來的人，就把眼前的事情累積起來。很多人善於將眼前的事情勤勤懇懇地做完，這樣的人一開始不擅長描繪未來也不要緊。

C對於長期目標是這麼說的：「未來的事情誰也不知道，如果先定下目標，就像是明擺在那裡給人看似的，心情會很沉重。而且，非得面對目標不可的重大壓力，也會讓人感到窒息，光是想也沒有用！」

明明眼前就有一大堆該做的事情，卻還要連未來的事情都寫出來，這種壓力會令人感到很辛苦，所以不想定下長期目標。

不過，C後來又說：「但是，不試試看也不知道。麻子（也就是我）這麼說的話，我就試試看。」於是，C自己擬定了最近三個月的目標和計畫，結果說：「寫下來了以後，發現完全不會痛苦！反而一想到如果真的實現了，就太開心了而傻笑起來。原來，完全是我自己的問題呢。」

當然，不是只有C才這樣，理由是很清楚的。

把目標前方的願景（人生當中重視的價值觀）變成文字後才擬定計畫，而C原本就對於描繪遙遠的未來不是很擅長，因此寫出願景這件事對他來說，一開始他也說「很難」。

所以，不是一下子就寫出願景，我要他先寫出「理想的一天」，並且在旁邊一併寫出他在現實中如何使用時間的方式，於是就看出理想與現實的差距了。「想要5點起床，卻6點才起床」，「一大早哪有辦法讀書？連吃早餐的時間都沒有」，「無法準時下班」等等。

因為自覺到理想與現實之間的差距，而有意識地想要去填補這個差距時，

使用時間的方法也會跟著改變。首先，可以努力讓自己目前運用時間的方式，變成理想中的方式。

透過這樣的反覆檢視，C看出了自己重視的價值觀。

過去，他一直都很喜歡工作，日常生活的節奏都是以工作為中心，但是他察覺到要在工作上發揮表現，整頓好自己的環境與身心也是很重要的。

比方說，一週有一半的時間在家工作，如果家裡沒有整理好，就無法維持高度專注力，吃飯方面沒有改善，體力就無法持久，不規律運動便無法維持良好體態，造成自我否定等。

為了確保做好這些事的時間，他接下來必須在工作時間內把事情做完並拿出成果。

C在意識到時間與成果時，雖然一直以為「喜歡工作＝工作時間長」，但是發現原來即使不是如此，自己仍然能夠得到滿足，反而會更想要充實下班後的生活。最後，他還有了將來有一天想要半個月工作、半個月到海外旅行的夢想。

即便如此，C仍然很抗拒擬定長期目標和計畫，因此先試著擬定最近三個月的目標與計畫，從這裡才接上前面一開始我跟他的對話。

就算以長期角度來擬定目標或計畫，如果不知道自己想走的方向，那麼在實際行動時，就會頻頻發生「或許不是這個、而是那個」，「可能還是這個！」等等這種無法確實按照計畫進行的情況。如果有過這樣的經驗，那麼心裡很容易就會把「計畫」跟「痛苦」劃上等號，就沒辦法擬定長期目標了。

可是，讓你痛苦的真正原因，是因為你沒有考慮到自己的人生方向。**有了願景這個明確的目的地之後，就算中途改變了預定計畫，但是你會發現，你只是改變了到達目的地的「交通方式」。甚至就算是擬定了目標或計畫仍未能按照原定進行，你還是可以分得清楚那是因為「人生就是計畫趕不上變化。」**

結果，C朝著不同於原本所想的方向進行，這件事本身不但出乎意料，也變得非常有趣。

抵達願景的「交通方式」有很多種，就算沒能按照原定的計畫，也還是有許多實現的方法。

擬定目標不是為了捆綁住自己，而是為了能夠快樂地向前邁進。

Check List

□如果很難將「1年目標」分解成「3個月目標」，「6個月目標」也可以列入考慮。

□把「想要……」這種願望，變成「我要……」、「我會……」這樣的目標。

□你的目標可以在多久期間內達成？暫時的也可以，要訂出來。

□把你「理想中的一天」和「現實中的一天」的時間使用方式記錄下來。

□然後看看為了填補理想和現實的差距，應該做什麼才能改善。

第3章

分解成1個月目標

（3個月目標→1個月目標）

1 用3個月的甘特圖，讓3個月的時間視覺化

設定了三個月的目標後，就開始分解成為行動吧。這個時候，如果使用條狀甘特圖，會比較清楚一點。

甘特圖是美國管理顧問亨利．甘特（Henry Gantt）所提出的一種用於計畫管理或生產管理的工程表，因為可以了解整體的工作日程及作業進度狀況，在以小組為單位推動的計畫中用來分享資訊也很有幫助。可以掌握住包含截止日期在內的計畫整體情況，因此作業不會有遺漏，是非常重要的工具。

只是，在個人的目標中，掌握詳細的作業工程，並不是那麼重要。太過詳細的話，光是寫出來就已經很費事，似乎很多人會感覺到壓力。

不如在有限的時間當中，把為了目標和夢想努力的時間確實保留下來，就

• 3個月計畫表

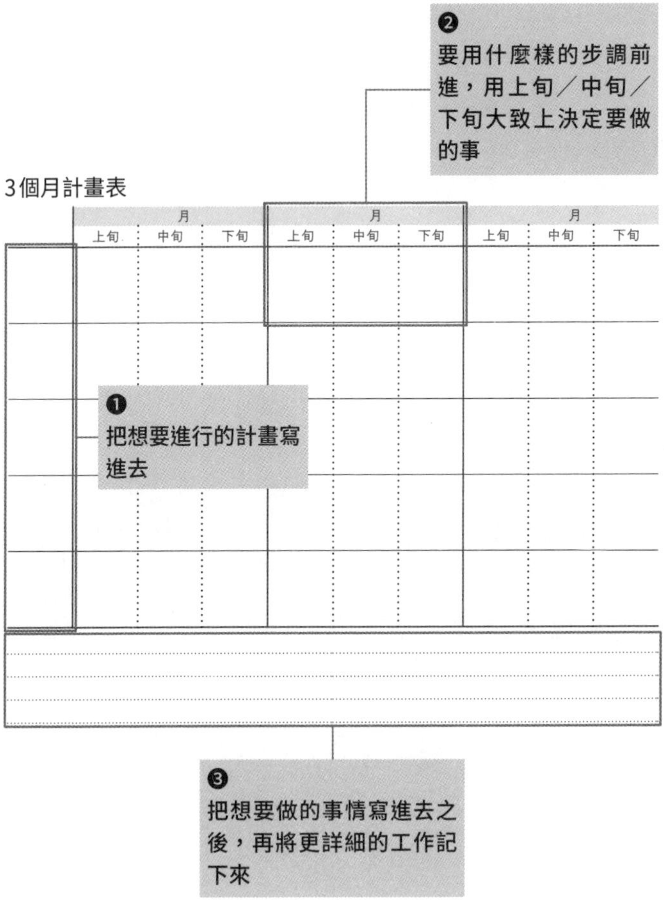
❷
要用什麼樣的步調前進，用上旬／中旬／下旬大致上決定要做的事
3個月計畫表
月
上旬
中旬
下旬
月
上旬
中旬
下旬
月
上旬
中旬
下旬
❶
把想要進行的計畫寫進去
❸
把想要做的事情寫進去之後，再將更詳細的工作記下來

算只有一點點，保持前進是非常重要的事。

為此，我們採用名為「3個月計畫表」的甘特圖，讓三個月的時間可以一目了然。

「3個月計畫表」將一個月分為上旬、中旬、下旬，讓大家可以把工作的進度情況、工作任務或期中目標寫出來。

由於大致上要在什麼時候做什麼事非常明確，因此可以馬上確定工作是不是正在順利進行中。

Check List

□ 對一項計畫大致上決定出三個月的工作任務與進度。

2 把「3個月目標」分解成「1個月目標」

(1)「3個月目標」的分解計畫術

想要妥善擬好「1個月目標」，要思考的就是達成「3個月目標」的具體方法。為此，必須將目標數值化，把要達成目標所需的任務分解出來。

那麼，就以「一年後通過資格考試」為例，來分解「3個月目標」吧。

①**三個月後，想要達成什麼？**（這三個月內的主題）

（例）為了通過資格考試，要把考試的範圍完整學過一遍。

②**想要得到什麼成果？**（設定數字來決定三個月後的目標）

數字就是營收、人數、體重幾公斤、多益幾分、將家裡幾個地方整理完畢……用數字具體化。

（例）把考古題反覆練習兩次完畢（三百題×２次）。

③思考想達成②的目標所需的具體方法

（例）平日每天練習5題（基準時間1小時）。

週末假日則每天練習10題（基準時間2小時）。

週末假日除了練習題目之外，還要外加1小時複習這一週的內容。

④將②想得到的目標反推回來算出里程碑（期中目標）

（例）一個月練習兩百題。

⑤將②想達成的目標所需的工作細分化，行動準則也要寫出來

（例）平日每天5點起床。

提早1小時出門，在咖啡廳練習5題（在家裡的話可能會想睡覺，爬不起來的可能性很大，所以用這個方法因應。）

週末假日將早上8點～11點用來當作學習的時間，練習10題並複習。

為了養成早起的習慣，晚上盡量早一點去睡，最晚11點。

驗證這個計畫實現的可能性，隨時修改。

這些就是以「3個月計畫表」來做的實際盤點範例。具體寫出來，透過時間軸讓各項任務一目了然，可以造成視覺上的記憶。

朝著達成目標前進、但是可行動的時間很有限的人，需要整理的不只是這些時間片段，還需要把24小時全部都整理一遍。

一天當中能確保多少時間朝著目標前進，請你利用一兩週的期間記錄下來，還有平日與假日有不同時間利用方式的人，也把兩者都記錄下來吧。

整理時間時的基本原則就是，以確保睡眠時間為最優先考量。一般來說，希望最少能有7小時的睡眠，否則大腦會疲乏。無法專注的結果，表現也會變差。

24小時扣掉7小時的話，就剩下17個小時。從這些時間當中，再將工作或家事、帶小孩、照顧人等必需的時間扣下來，還剩下多少時間呢？

看看現實中的數字，應該就會對「時間有限」很有感了吧？

（2）不被目標設定原則束縛也OK

「SMART原則」是一套著名的目標設定法，是按照後面5項基準來擬定的目標設定方法。以這些基準向下挖掘，就能夠提高目標設定的準確度，對達成目標很有效果。「SMART」也是這五個英文單字的首字母組成的縮略詞。

- **Specific（具體性）：目標是否具體？**

（例）通過資格考試。

- **Measurable（可測量性）：是否可用數字來衡量達成度？**

（例）考試正確答題率九成。

- **Achievable（達成可能性）：是可能達成的目標嗎？**

（例）若能確保讀書時間，就有充分的可能。

- **Relevant（相關性）：達成目標是否會對自己有利？**

（例）考試通過後，升官的可能性也會提高。

- **Time-bound（明確的期限）：有設定期限嗎？**

（例）六個月後，通過資格考試。

如你所見，Achievable（達成可能性）的地方有點曖昧。「若能確保讀書時間」，就是說如果無法確保，達成目標的可能性就降低了。

明列目標再行動的話，達成目標的可能性就會提高，所以行動計畫是否真的可行就非常重要。

也就是說，擬定具有高度可行性的行動計畫，才是達成目標的捷徑。

其他還有幾個目標設定的原則，也有很多企業運用這些原則來進行人事評估。企業必須藉由一定的評估基準，才能公平地考核員工，因此基於這樣明確的基準來設定目標就很重要。

個人也是，有明確的基準才比較容易盤點目標的人，就請多加運用吧。

不過，如果個人的目標、夢想或想做的事，會因為套用這些原則就強化「非做不可」的心情，因此失去樂趣，會這樣的人就拋開這些原則的束縛吧。

以我個人來說，「整齊漂亮的目標」沒什麼意思，無法讓我持續行動下去。但如果是事業的話，情況當然就不同了。不過，如果只是個人的目標或夢想，就不需要太在意這些原則。使用SMART原則才比較能夠展開行動的人就用，若不是這樣的人就不要用，方法是用來幫助自己的，想法要懂得變通。

這不是哪一種類型好壞的問題，重要的是能夠好好掌握有效的方法。

Check List

□寫出三個月後想達成什麼（這三個月的主題）。

□寫出想要得到什麼成果（決定三個月後的目標數字）。

□寫出要達成這個目標所需的具體方法。

□從希望達成的目標反推計算出一個里程碑（期中目標）。

□把達成希望的目標所需的工作細分出來，寫出行動準則。

□運用目標設定法會讓你士氣高昂，還是不用才會讓你士氣高昂，請認清自己是屬於哪一種類型。

3 任務也從「大」分解成「中」

靈活運用3個月計畫行程表，任務的分解也會變得容易一些。所謂「任務」，是為了達成目標必須實行的具體行動。

為了驗證是否可以做到，先不用想太多，把想做的計畫第1項、第2項、第3項……等等自由地寫出來。

接下來，再把一個月分成上旬、中旬、下旬，3個月的大任務就用每10天一個中型任務來分解。

如果是「一年後通過資格考試」，前一篇看過，具體方法就設定「平日每天練習5題」、「週末假日每天練習10題」、「一個月的目標是練習兩百題」，因此每10天的目標約為67題就可以了。

在這個例子當中，里程碑就以題數來區隔，應該非常好懂。

那麼，我們來看比較不容易分解的例子吧。

〈例1〉期間：10月～12月

①3個月主題

完成新開發業務案。

②3個月後的目標

為了能在明年初的會議上發表，12月20日前必須得到上司的正式核准。

③具體的方法

預期在得到核准前，上司會查核3次。

④里程碑

（1）10月31日前，為了確定方向，必須做好資料草案，供上司做第一次確認。

（2）11月30日前，要完成七成的資料，供上司做第二次確認。

⑤任務的細分與行動準則

- 每週兩天（若無特別會議等，就在週二與週四），確保中午前有兩個小時來做這個案子。
- 如果不能如預期保留住時間，一定要在一週中保留總共四個小時的時間。
- 事前跟上司敲定時間。

⑥每10天的中型任務

- 10月上旬：研究。
- 10月中旬：研究、確定方向。
- 10月下旬：把焦點、顧慮、目標、概念等等整理成資料，接受上司第一次查核。
- 11月上旬：依照上司第一次查核的結果做一些調整。
- 11月中旬：依照上司第一次查核的結果做一些調整。
- 11月下旬：完成七成的資料，接受上司第二次查核。

・12月上旬：依照上司第二次查核的結果做一些調整。
・12月中旬：接受上司最後一次查核。
・12月下旬：緩衝期（參見第4章第2篇）。

〈例2〉期間：1月～3月

①3個月主題

個人訓練。

②3個月後的目標

從3月開始做個人訓練，把每週去3次變成習慣。

③具體的方法

在網路上搜尋並參加訓練課程體驗，找到適合的個人教練。

④里程碑

（1）1月31日前，研究完畢結束搜尋。

（2）2月28日前，結束體驗活動，和教練簽約。

⑤任務細分與行動準則

- 寫出煩惱與想要改善的部分。
- 寫出個人對訓練的期望。
- 在網路上搜尋、研究。
- 尋找有興趣的健身房和課程。
- 覺得有興趣就去體驗看看。
- 每週三天接受個人訓練。

⑥每10天的中型任務

- 1月上旬：寫出煩惱與想要改善的部分，寫出對個人訓練的期望。
- 1月中旬：在網路上搜尋有興趣的健身房和課程。
- 1月下旬：找到了就按順序去體驗看看。
- 2月上旬：按照體驗結果調整。
- 2月中旬：按照體驗結果調整。

- 2月下旬：找到最合適的個人教練並簽約。
- 3月上旬：開始個人訓練，養成每週去3次的習慣。
- 3月中旬：按照3月上旬的結果調整。
- 3月下旬：養成每週訓練3次的習慣。

像這樣，把大型任務逐步分解成中型任務。

Check List

□把3個月的較大型任務，分解成每10天一個的中型任務。

第4章

分解成1週・1天目標

（1個月目標↓1週・1天目標）

1 把「1個月目標」分解成「1週目標」

(1) 任務要用1週為單位來管理

在第3章，從「3個月目標」分解成「1個月目標」，然後再分解成更小，變成每10天一個任務。接下來，我們再將任務分解成可以在15分鐘～1小時內完成的份量吧，分解成只要看到任務可以很快就採取行動的份量。

以前一篇「三個月完成新開發業務案」的例子來說，寫著「10月上旬：研究」。為了更容易完成，這也可以分解成15分鐘～1小時完成的任務，例如：整理出競爭對手A公司的事業案例等等。以任務規模來說，比起1個月、1週的任務，就想成是分解成現在立刻就能進行的行動任務就好。

有些人會每天管理任務進度，但我的建議是：以一週為單位來管理。這樣可以因應突發事件，有效臨機應變，讓該做的事情可以確實進行。

有時，總會發生突然被指派工作，或是和顧客約好的時間有變、家人身體不適需要幫忙等等……一些不可預期的事情發生，而且很多都是需要緊急處理。這樣一來，安排好的事情，就必須重新調整才行。

每天都寫出To Do List卻無法確實執行，就難免會產生「今天也因為緊急應變，無法完成待辦事項」這種不必要的自我否定感。如果是一週管理任務進度，就可以主動減省這些不必要的自我懷疑時間。

舉例來說，如果你已經決定從週一就開始執行本週的重要任務，結果突然被分派到週三的工作案件，而且還是緊急的工作事項。這麼一來，就要確認一下本週的任務進度。

如果可以用週一和週二來處理本週一定要完成的任務，研判應該就可以接下緊急的工作。原本預定本週要做的剩下任務，可以連同下週以後的事項重新調整安排。

把一週的任務寫出來，優先順序較高的工作，就盡量安排在當週一開始的那幾天做完。

那麼，萬一緊急案件是在週一被分派的，該怎麼辦？

在這種情況下，就在原本想做的本週任務當中，找出一定得在本週完成的任務。看看這些任務的最終期限，以及執行完成需要多少時間，先確定一下預估的時間。

然後，預估一下被緊急分派到的工作要花多少時間，同時決定優先順序。如果判斷時間不夠，就可以思考一下應對計策，看看是否可以委任給其他人。

（2）讓一週的時間視覺化

那麼，你在一週當中究竟有多少時間，可以為了目標或夢想採取行動？

為了擬定並務實執行目標和計畫，首先最重要的，就是知道你有多少時間。不要用理想方式來思考，請務實考量。1天24小時，一週是24小時×7天

＝168小時。相對於此，**你可以用來實現目標和夢想的時間，真正有幾個小時？首先，請你要對這些時間有清楚的認識。**

很多人把時間視為理所當然的存在，雖然一天固定只有24個小時，只要仍活著，時間就永遠在眼前。明明時間有限，卻只是慌慌張張過完一天就已經用盡全力，經常不由得忘記了「有時間」是一件很珍貴的事。

學會把時間視覺化，讓自己經常意識到「時間有限」這個事實吧。

(3) 把朝著目標和夢想的可行動時間保留下來

看到一週當中可行動的時間之後，就開始考慮如何把這些時間運用到極大化。

決定工作行程時，大多數的人都應該會在行程表上，先將緊急性高、必須立刻做的事情，還有跟人約好的時間記錄下來。

但是，這種行程表的記錄方式，會成為你被時間追著跑的原因。**在安排行程的時候，「先把時間保留下來」是非常重要的。**

• 3個月計畫表落實為每週任務

3個月計畫表

MY PROJECT	10月			11月			12月		
	❶上旬	中旬	下旬	上旬	中旬	下旬	上旬	中旬	下旬
新規事業案完成させる	資料たたき	→	部長に1回目CHK	資料ブラッシュアップ	→	部長に2回目CHK	ブラッシュアップ	部長に最終CHK	完成
資格試験合格に向け問題集2周(300問×2)	5時起きの習慣化 → ❷平日5問 週末10問＋復習 →		200問			400問			600問
家族旅行	どこに行くか家族会議 →		決める	宿探し	決める				家族旅行〜 みんな1年よく頑張った－!!
パーソナルトレーニング3kg落とす	体験会申し込み	パーソナルトレーニングスタート	この先のトレーナー	計画は○○さんと設定					

❶整理資料

❷ 平日5題
週末10題＋複習

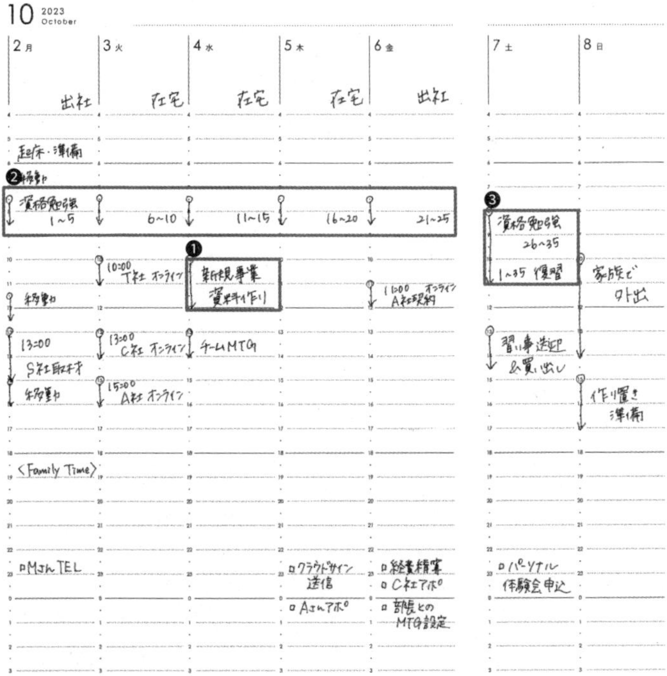

❶製作新開發業務案資料
❷念資格考試 1～5 6～10 11～15 16～20 21～25
❸念資格考試 26～35
1～35 複習

● 訂定計畫時的要點

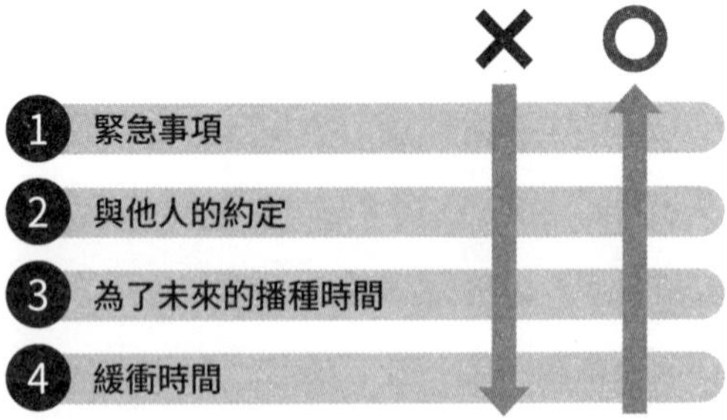

很多人往往會以 1→2→3→4 的順序來擬定行程表，
若是按照這樣的順序，永遠都會被時間追著跑。
有意識地以 4→3→2→1 的順序來安排行程吧！

簡單來說，為了目標或夢想所採取的行動，是緊急性雖低但重要度高的任務，要在它成為緊急任務之前就提前去做，這一點很重要。必須好好把握住這一點，把時間保留下來，特別是會把跟自己的約定拖到最後的人更是應該注意這一點。

這樣的人，跟別人的約定肯定會拚命調整行程，但是與自己約好為了未來所需要的時間，卻很容易變成「這段時間有空檔」而輕易交出去，結果實現目標和夢想的日子就永遠也不會到來。

如果不優先把未來的任務排進去，就會變成光是為了緊急的工作以及和別人的約定就永遠被時間追趕了。新的挑戰做不到，目標達成率也下滑。

相反地，**優先把未來的任務排進工作表中，時間上的餘裕就出現了。**然後，也因為可以確實朝著目標行動，達成率也提升。

所以，請為了自己緊緊把守住朝著目標和夢想邁進的時間吧，請把預定項目排進手帳或應用程式裡。

Check List

- □以一週為單位來管理任務就會產生餘裕。
- □好好掌握一週有多少時間可以用來為目標和夢想行動。
- □一開始就要確保留下為了目標和夢想行動的時間。
- □把這些時段記錄在工作行程表裡。

2 有效落實計畫的三步驟

認識到「計畫＝無法按照計畫」的人應該不少。

計畫並不是靠理想來擬定，要腳踏實地擬定有可能實行的計畫，才可能真正執行下去。當計畫能夠按照預定進行的時候，帶來的成就感效果會非常大。

一般來說，人在獲得成就感的時候，往往會湧現「想要達成更多事！」的欲望。這會連結到下一個行動，產生正面循環。

每天都持續得到「今天也沒有做到」這種負面的反饋，跟每天都持續得到「今天也成功了！」這種正面的反饋相比，肯定是後者會讓人感覺到每天都生活在令人愉悅的充實感當中。這些感覺累積下來，對一個人的影響是非常大的。

所以，要擬定有可能實行的計畫。

(1) 花了多少時間要做紀錄

如果無法按照計畫進行，很有可能是因為你在用來達成目標的時間裡塞進太多事情了。

那麼，你為什麼會把過多要做的事情塞到這些時段裡去呢？因為你在估算時間的時候想得太美好了。

本來以為30分鐘可以結束的事情，結果花了1個小時。本來以為1個小時可以做完的事情，結果花了2個小時。像這樣的誤差持續累積，就變成計畫不可行的原因了。

為了估算出來的時間不會有太大的誤差，就必須掌握以目前的現狀在什麼事情上花了多少時間。所以，哪件事情做了多少時間，請抽空大概記錄下來吧。

你可以先試試看記錄兩週的時間使用情況。不過，「每天所有的工作都必須記錄下來」，如果這麼想的話就會很有壓迫感，因此只要想到的時候記一下就可以。

(2) 推算預估時間，學會調整時間誤差

想要正確推估所需要的時間，事實上很多時候只能靠經驗。隨著經驗累積，可以預估出更準確的時間。話說回來，為了累積經驗在那裡空等或試誤太多也很浪費時間。

你同樣可以利用兩週的時間，一面做紀錄一面想想如何更準確估算時間。**你可以先抓「這個工作大概要花多久時間？」，然後在實際完成工作以後，把最後真正花的時間記錄下來。這麼做，就可以掌握住預估和實際花費的時間之間的誤差。**

當然，即使是同樣的工作也會因為狀況和環境條件的不同產生時間差，因此重要的不是得出完美的預估時間，而是能夠推算出平均值，只要誤差在能夠修正的範圍內都沒有問題。

安排工作行程的時候，請盡量根據你推估的時間來制定計畫和任務。

留心觀察每一項工作實際花費的時間後，相信你會發現自己對於用多少時

● 如何提高預估時間的準確度

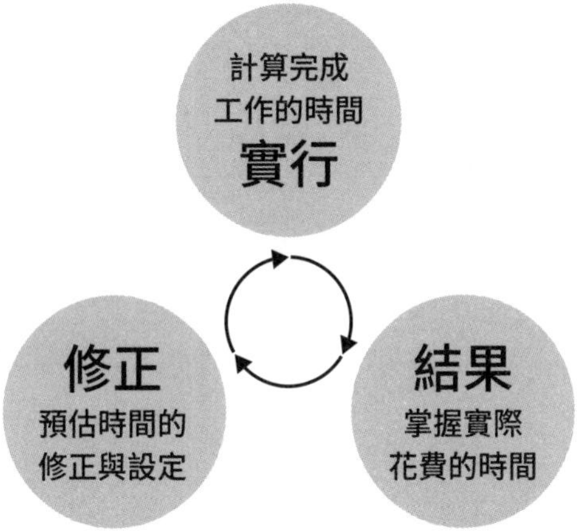

間可以完成，可能想得太過美好。

當你沒有在預估的時間內完成工作時，在下一次設定的時候，就把不夠的時間差補進去。然後，就是反覆進行「實行↓驗證最後花費的時間↓修正預估時間」，透過這種方式慢慢提高你對時間預估的準確度。

設定預估時間的好處，就是「要讓事情在預估時間內結束」。這樣的意識會發揮作用，你的持續專注力也會提升。

⑶把緩衝時間也安排進去

把差不多正確的預估時間算出來之後，謹慎起見，為了讓計畫的可行性更高，要把緩衝時間也一併排進行程當中。

「緩衝」在商業上經常是「預留空白時間」的意思，指的是有緊急事件或發生問題時的因應，當有什麼萬一的時候可以用來因應的時間。

如果緩衝時間從一開始就排進工作行程裡，就能把落後的工作或工作進度拉回來，視情況而定還可能讓計畫進度超前。

緩衝時間的設定方法有幾種，要放在哪裡最適合你，你可以自己試試看。

模式①每項任務都設定緩衝時間

（例）預估時間30分鐘的工作＋10分鐘的緩衝時間。

安排9點～9點40分的工作行程，在開始工作時，設下30分鐘的計時器。

模式②在一天的最後設定緩衝時間

（例）在下班時間一小時前的下午5點～6點，不要安排跟任何人會面。為了在6點可以準時下班，就用這一個小時來完成今天沒有做完的工作。

模式③在每週的最後設定緩衝時間

（例）將整個週五都設為緩衝時間，什麼行程都不要排。

這個方法很推薦給以自由業工作的人，週一～週四用來工作，沒有做完的就留到週五進行調整。

刻意設定緩衝時間，不只是為了讓你在時間截止前不必過度慌張，對行程的調整、創造新的點子、產生心理餘裕等等都有貢獻。

懂得善用緩衝時間，是達成目標不可或缺的重要技巧。

Check List

- □ 把哪件工作花了多少時間做都記錄下來。
- □ 把工作的預估時間跟實際花費的時間記錄下來。
- □ 掌握時間誤差，學習提升預估時間的準確度。
- □ 緩衝時間要安排在哪裡，了解適合自己的方法。
- □ 記得把緩衝時間排到工作行程裡。

3 利用任務管理提高目標達成率

如果是團隊執行計畫的情況，一面管理整體的進度，配合這個進度，個人可以同時各自進行自己負責的工作任務。若是個人的進度大幅落後於整體進度，就會給周圍的人帶來麻煩，這樣的責任感對於工作任務的執行具有強制力。

然而，個人的目標和夢想的實現，要不要做、是快或慢，都是自由的。相對來說，如果自己不去做，就不會有任何進度，因此更需要徹底的自我管理。

想要實現目標和夢想，進行任務管理，讓事情有效率地進行是有必要的。有幾件事必須注意，接下來就針對這幾點說明。

(1) 不是To Do List（待辦事項清單），而是任務管理

到底為什麼要寫出任務？

「為了不要忘記」、「為了在腦子裡整理」等等有各種理由，但是最重要的目的是把要做的事情分解開來，排出優先順序、管理進度，然後有效率地進行下去。

想在有限的時間裡實現目標和夢想，一次一次地停下來思考「接下來要做什麼？」，經常只是在浪費時間而已。

「任務」跟「待辦事項」的差別在哪裡？

「待辦事項」不一定有必須完成的期限，是總有一天必須做的工作；相對地，「任務」通常有既定期限，是在期限之內必須完成的事情。

很常見的情況是：「待辦事項」因為沒有設定期限，就按照表單上列出來的順序做，或是從表單上選擇看起來可以很快就完成的事情開始做。

結果，因為無法一看就知道優先順序，後來又得設法生出時間來，重新思

●「待辦事項」與「任務」的差別

To Do List／待辦事項清單	任務
沒有設定期限 總有一天要做的工作	**有設定期限** 知道是**什麼時候要完成**的事情
因為無法一看就知道優先順序，反而需要時間思考「該從哪個做起才好？」	該做的事項 **有明確的截止期限** 因此馬上就會動手去做

考該從哪件事做起，平白造成時間的損失。

至於「任務」，則通常已經設下了「到哪天為止」、「到幾點為止」這樣的截止期限，因此在那之前必須完成的意志會發揮作用，提高目標達成率。而且，由於該做的事情與截止期限非常清楚，一看就知道優先順序，因此不會猶豫「該從什麼開始？」或「接下來要做什麼？」，專注力比較容易集中、持續。

沒有明確的截止期限的話，專注力比較容易中斷，可能會想「明天再

● 截止期限寫在任務左側

期限	任務
12/7	☑ 製作A公司的估價單
12/15	☑ 製作B公司的簡報資料
12/22	☐ 統計意見調查結果
⋮	⋮　⋮

做吧！」、「稍微休息一下吧！」，往後拖延的機率很容易提高。把需要做的事情寫出來，不只是當成待辦事項清單，請你也要加上期限。

在寫截止期限的時候，請寫在任務的左側，也就是最前面或最上面（直書）。以橫書來看，人的視線是從左邊往右邊去的，因此最重要的事情寫在左側的話，通常一定會看到，不必再為了判斷而猶豫。

我們每個人都不只有工作，還有家庭方面或未來的目標等，在各種場合都有任務。因此，將任務統一管理的話，就有可能遺漏了一些任務，或是弄錯優先順序。

為了防止這一點，按照各種場合分別管理就很重要。你可以透過應用程式來分類管理，或是在手帳上用不同顏色來寫，找出對你來說最方便有利的管理方式吧。

(2) 寫出小任務的危險性

把小任務通通都寫出來，視不同情況會有好處，但也會有壞處。

50%的任務在1小時內都可以完成，已經完成的任務就用紅線劃掉，這樣做會有成就感，也能夠得到快感。

然而，僅止於快感也就罷了，如果因為做完了小任務就產生錯覺，以為「今天也有進度了！」，那就很危險了。

為了得到小小的充實感花費了時間和心力，恐怕會沒有注意到真正重要該做的事已經往後拖延的實際情況。

● 寫出能讓你接近夢想的任務

朝著目標或夢想 未來的任務
- ☐ 寫題庫○○頁
- ☐ 檢視3個月計畫

每天的 細項任務
- ☐ 去便利商店付款
- ☐ 跟A公司約時間
- ☐ 跟B討論企劃內容

透過分開書寫，就可以確定「未來的任務」的優先順序
然後，就可以毫不猶豫著手處理比較瑣碎的「細項任務」

因此，**盡量把「未來的任務」與每天瑣碎的「細項任務」分別各自寫出來。這樣就可以在優先處理「未來的任務」時，當專注力中斷或是有空檔的時候，毫不猶豫地去處理「細項任務」。**

突然有時間的時候，由於不需要煩惱「該做什麼才好？」，這樣不僅可以防止時間平白流失，該做的事情也都可以推進、不會遺漏，非常建議你這麼做。

為了養成習慣先處理「雖不緊急但很重要的事」，定下自己的規則

是很好的辦法。

（3）不要追求多工化，而是單一化

最近，關於「不擅長多工」、「如果能夠多工，就可以早點完成工作了！」這樣的諮商變少了，但是印象中還有些人仍然未能完全捨棄對多工化的「憧憬」。

「多工」指的是能夠同時並行處理多項事務，能夠多工就可以同時處理很多事，所以可以做到當然是最好的。

然而，實際上由於在切換作業時，專注力會中斷，因此很沒有效率。多數的研究結果顯示，人類的大腦並不適合多工化。

密西根大學發表了研究結果：**執行多工作業的人，生產力比逐項處理工作的團隊低了40％，疏失發生率增加的可能性也比較高。**

人類的大腦若想要同時處理多件事情時，判斷力就會變鈍，進而影響到生產力。因此，最好能夠集中在一項事務上單一處理。

工作上即使同時推動多項計畫，實際上作業的時候，還是只會注意在單一工作上。有很多事情想做的人也是，在實際行動時只會專注在一件想做的事情上，這是鐵則難以撼動。

要專注單一化，最重要的就是整頓工作環境與條件，這裡分享五項要點。

①任務細分化

為了不讓大腦疲憊、為了提高生產力，將任務細分是很重要的事。藉由細分化，可以讓自己很清楚現在應該處理的事情，能夠毫不猶豫專心去做。

②將任務分出優先順序

我在下一篇將會詳細說明做法。為了能讓該做的事情一件一件確實完成，就要把優先順序弄清楚。若清楚知道該做的順序，就能毫不猶豫專心處理了。

③決定好處理的時間

決定好「處理期限」，這樣要在時間內完成事情的意識就會發揮作用，工作動力和專注度也會提升，就如先前所說的。一旦決定「在什麼時候之前要處理好」，就不會再去想其他的事，可以集中心力在眼前的任務上。

④用「3分鐘法則」來處理插隊的工作事項

就算專心處理單一工作，有時也會突然想起還有其他的工作，發現「那件事也非做不可！」，「啊～忘記做那件事了！」等等。這個時候，如果是3分鐘就能夠處理完畢的事情，就當場做完。如果需要花3分鐘以上的話，就暫時先記下來，等工作告一段落的時候，再決定什麼時候做那件事。

⑤打造能夠專心集中的環境

好不容易能夠集中精神了，每次只要一有電郵或社群網站通知就去看一下的話，也不是單一化工作，其實是多工化了。把通知關掉吧，決定一個時間查看訊息，遵守自己決定的時間吧。

Check List

- □寫出任務，是為了讓事情更有效率推進。
- □To Do List／待辦事項清單跟任務的差別，在於「有無截止期限」。
- □「未來的任務」和每天瑣碎的「細項任務」要分開來寫。
- □行動的時候，不要採用多工化，而是單一化來處理事務。
- □事先決定好處理的時間。
- □打造能夠專注集中的環境。

4 排出不被時間追著跑的優先順序

能夠盡早達成目標是最好的了，因為時間花得越多，就可能因為感覺不到成就感而停止行動，若是如此，至今累積的努力就都白費了。

為了目標和夢想，若能24小時全部投入當然是最好，但是每個人都有工作，可能也要養兒育女、做家事、照護等等，有許許多多要做的事，同時也在有限的時間內朝著實現目標和夢想而努力。若是如此，就更應該著手排出優先順序。

效果高的事情優先處理，當然就得到有效率的成果。然而，前文也提過，人類是有感情和情緒的，就算理論上排得出優先順序，經常卻不大能按照這樣的安排確實行動。

而且，人類的大腦會把注意力放在未完成的事情上，若有未完成的事情就無法專心在眼前的事情上。正因如此，排出優先順序不只是要你把能夠用在目標和夢想上的時間保留下來，一天的時間要如何運用，特別是工作的時間，也必須要注意安排才行。

接下來，跟大家分享五個不用擱置任務也能不被時間追著跑的優先順序排列要點。

優先順序排列要點①
掌握緊急性與重要性

史蒂芬．柯維博士在《與成功有約》的書中提倡的方法是用「緊急性」與「重要度」為座標軸，分成四個象限來決定優先順序。

第一象限：緊急且重要

第二象限：雖不緊急，但很重要

第三象限：雖然緊急，但不重要

第四象限：既不緊急，也不重要

在你寫出的任務旁邊，請標記象限數字1～4。

決定優先順序的座標，最優先的是第一象限，依此順序數字越大的，優先順序就越低。

關鍵就在第二象限。

第一象限很重要自然不用說，但如果每天都在被這個第一象限的事情追著跑，就表示你經常被時間追著跑。正因為緊急又重要，因此經常為了緊迫的截止時間而處於焦慮的狀態。

於是，在重要的任務當中，原本屬於不緊急的第二象限任務，最後就會升級到緊急又重要的第一象限了，這也會造成心理上的負擔。

總是被第一象限的事情追著跑的話，很容易會因為反作用力使得第四象限的任務時間同比例增加，例如：上網看社群網站或影片等的耍廢時間。

● 未來的任務最優先的行程排法

	緊急度高	緊急度低
重要度高	**第一象限**（問題／課題的象限） ・交期逼近的工作 ・客訴的因應 ・災害／意外的處理等	**第二象限**（品質高的象限） ・邁向未來的準備與計畫 ・發出訊息 ・改善服務等
重要度低	**第三象限**（給外人看的象限） ・不重要的電話／會議 ・不重要但迫在眉睫的課題 ・突然來訪的客人等	**第四象限**（無用的象限） ・耍廢滑手機 ・對未來沒有幫助的消費 ・沒事做多出來的時間等

一開始，就要先確保第二象限！

要先把緊急性低但重要度高的「任務」時間保留住，
這樣就不會被時間追著跑了。

在某個企業研習活動上，我請他們寫出一天的時間如何運用，結果有人分享的是他發現「雖然不是在耍廢，但是很多時候覺得很空虛。」

我和他確認過之後，得知原來當時是他剛好在工作上被「緊急且很重要的事」一直追著跑的時期，回到家之後就完全沒有任何力氣，於是花了很多個小時在耍廢和看社群網站上。

消化第一象限的工作雖然很重要，但是如果不去執行第二象

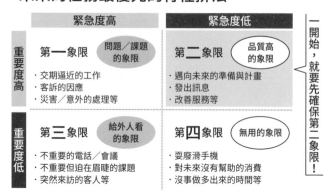

限的任務，花在無謂的第四象限的時間可能就會增加。因此，要提醒自己，提前去做第二象限的任務是很重要的。

優先順序排列要點②
「3：3：4」的時間平衡

優先順位是以「緊急性」與「重要度」為座標軸來決定，這當然是基本的。然而如前所述，若只是看這個，那很多時候光是處理眼前必須立刻做的任務，就會忙得不可開交了。

所以，重要的是，要把時間分配的角度也加進去。

「3：3：4」＝「現在該做的事的時間：與人互動的時間：為了未來投入的時間」。所謂「為了未來投入的時間」，主要是位於第二象限「雖不緊急，但很重要」的任務。

例如，為了提升技能或長期成長的學習進修等，好好保留朝著目標和夢想的時間對於只能在有限的時間內行動的人來說，把守這些時間比什麼都重要。

只是消化眼前的工作時間就流逝了，如果想要打破這樣的現狀，就要優先確保留下邁向目標和夢想的時間。

以「緊急性」和「重要度」的座標軸和「3：3：4」的時間分配法，以這兩種角度為基準來決定優先順序，不但能夠紮實完成眼前的工作，過去總是往後拖延的重要的未來的任務，也就都能好好地去做了。

優先順序排列要點③
所需時間與容易性

只要能讓達成目標的效果提升，就算是多花一點時間也應該努力去做。

只是，任何事情一開始都需要能量，若一開始就把時間都用在需要耗時的事情上，很多時候經常會感覺到挫敗。**為了把節奏掌握好、更容易啟動，建議還是從很快就能解決的事情開始。對自己來說負擔程度較低的東西，也就是從**

很容易就能做到的事情開始做起。

首先，請注意，要在一開始就上軌道。**考量到花費的時間加上承受的負擔，一起步就先降低門檻吧。**

例如，有人覺得打電話推銷「可以跟客人講話很開心！」，但也有人覺得「如果沒有先想好某種程度的腳本，打電話推銷真的很難！」

同樣都是打電話推銷，前者的情況是，這是對自己的負擔程度低，可以輕易做到的事，因此應該會立刻去做。

後者的情況是，對自己來說那不是可以輕鬆做到的，所以要考慮該怎麼做才能不感覺到負擔。

首先是想腳本，是寫電郵去打招呼就沒問題，但是面對面說話就沒辦法嗎？還是在線上說話會有問題？**試著對自己提案看看，摸索出對自己來說「這麼做的話，我就能立刻去做」的方法。**

動機往往是只要開始做之後就會提升的，把這個助跑的時間也排進優先順序裡是出乎意料的重要。

優先順序排列要點④

不要只排優先順序，連行程也要安排

若要寫出任務並排列優先順序，什麼時候要做也要具體排進行程裡。如果想著「有時間的話就做」，那麼可能永遠也不會做。難得有了目標和夢想，如果不去做，那夢想就真的永遠都只是夢想。

把朝著實現目標和夢想所需要的時間保留下來之後，從優先順序高的開始落實在行程當中。

但是，沒有必要很強硬的以分為單位來決定行程。

已經看到這裡的讀者，相信你們已經學會如何預估執行任務所需的時間。如果是這樣，假如1天有3個小時可以用來朝著目標和夢想邁進的話，就抓鬆一點，準備2個半小時左右的任務吧。

在可用的時間範圍內，至少把要做的事情列出來，這樣就不用浪費時間煩惱要做哪件事了。決定好任務的執行順序之後，就會更順利。

優先順序排列要點⑤

有效利用早上的時間

「下班回家後，打算念資格考試的東西，但是累癱了所以沒念成。」「因為工作完就接著去吃飯，回家晚了於是就睡了。」我經常接到這樣的諮詢。

為了在有限的時間裡實現目標和夢想，除了擠出時間來運用之外，自己也必須要很注意，要注意提高時間價值。

有一位我很尊敬的醫師，就是精神科醫師樺澤紫苑，他的《最強腦科學時間術》中寫的就是將大腦的能力發揮到最大，用科學方法將24小時變成2倍的時間術。

一天專注力最高的時間就是早上，特別是早上醒來後的3小時稱為「大腦的黃金時間」，專注力可達到最高程度。可以說，**早上的1個小時，可以有晚上1個小時的4倍價值。**

所以，早晨的時間不要用來檢查電子郵件或在社群網站上流連，希望你可以用在實現目標或夢想上。如果你的目標跟工作直接相關的話，就早一點到公司去，做完一項工作之後再檢查電子郵件吧。

我這麼說的話，就會得到「我也知道運用早上的時間很好，我也好幾次試過早起，但總是又睡了回籠覺」這樣的回答。

這是當然的，就算一下子想要早起，往往也不容易做到。人本來就是會偷懶的，請記住這一點。

想要早起的話，基本上當然是要早睡。請拋開睡覺很浪費時間的想法，好好保住睡眠時間吧。還有，睡前一小時不要看手機，也不要飲酒過量等，請養成提升睡眠品質的好習慣。

然後，如果你是一個人很容易就會偷懶的人，運用晨間活動群組也是不錯的辦法。

近年，有很多透過網路活動招集的晨間活動群組，你也可以尋找或主辦適合自己的時間的晨間活動群組。

比方說，我就主導了一個從5點50分開始，在10分鐘內，大家一起分享早上做了什麼活動的「清晨5點output晨間活動群組」，一晃眼已經有三年的時間了。這是一個大家各自在喜歡的時間開始活動，到了5點50分就在Zoom上集合，分享彼此早上做了什麼晨間活動的群組。

有成員會積極運用清晨的時間，也有成員是在5點50分才配合時間起床的。一個人要努力早起，往往容易三天打魚兩天曬網，但是有這樣的場域跟夥伴的力量，就能夠有效地運用早晨的時間。

其中也有成員這三年當中一天都不缺席的，從5點開始就上線上英語會話課，聽世界各地的講師上課。她這三年來的時間價值聚沙成塔，有了很了不起的成果。30分鐘×365天×3年＝32850分鐘，這是非常了不起的時間資產。

番外小故事：給有小小孩的人一點鼓勵

接著，我要說一些題外話。請讓我懷著鼓勵的心情，對有小小孩的讀者說一些話。

我是現在才變成固定晚上9點半就寢，早上4點半起床（努力做晨間活動時是4點起床，最近以消除疲勞為優先是4點半最佳！）早睡早起已經是我的習慣，但是在我有小孩之前完全是夜貓子。

想做的事全部都在晚上做，但很現實的是在生產後已經沒有這樣的體力了。餵奶後，不小心跟著孩子一起睡著，早上起來時覺得很厭惡自己。「今天也沒做到想做的事」，起床時心情絕對不會好。

最後還會產生「要是孩子肯早點睡就好了！」這種怪罪孩子的想法，自己對這樣的自己也很失望。

後來，我決定轉換時間的使用方法。就算沒有不小心睡著，反正也累了，腦子轉不動了，乾脆晚上早點睡覺，然後早上早點起床，繼續做想做的事情。這麼劃分出來後，自我厭惡的感覺消失了，如今變得很懂得有效利用晨間時光。

然而，走到這裡，出現了一道很大的障礙。那就是，就算好不容易早起了，孩子也跟著一起早起了。

有小小孩的朋友，應該很清楚我在說什麼，可能也有過這樣掙扎的經驗吧。持續一週之後，就開始想要放棄早起了。

說到當時我是怎麼做的，我會再拍拍孩子哄睡，或是一起再睡一覺，或是一起玩一下，讓孩子抱著我脫下的睡衣，或是讓孩子貼著丈夫睡（人的溫度會令孩子安心）。這些也不是絕對的正確答案，有時候有用，有時候沒有用。

雖然是這樣的情況，我仍然持續早起。畢竟，小孩跟著早起這種事，也不會是一輩子的。隨著孩子長大，就能獲得充足的睡眠了。想好之後，我也並不焦慮，決定持續早起。

在第二個孩子出生後三個月的時候，我決定創業也是因為配合自己的情況。如果小孩子也一起醒了的話，那就醒了吧，我乾脆這麼想。以孩子會醒來為前提，如果沒醒來頂多就覺得「真幸運」。

因為孩子醒了，就覺得「想做的事情不能做」而焦慮不已，那會不會是因為你的工作行程安排得不夠寬裕，所以「只要這個時間內不做完，就會讓計畫打亂，連其他的計畫也跟著毀了」？

每個人都有自己不同的環境條件跟狀況，24小時要怎麼用、現在要以什麼為優先，我想，在早上的時間帶有類似掙扎的爸爸媽媽們應該為數不少，但是你們並不孤單！

運用早上的時間當然很有效，但是也請不要焦慮，慢慢來吧。

Check List

- □「雖不緊急，但很重要的事」也請保留時間盡早去做。
- □優先保留朝著目標和夢想邁進的時間。
- □從不困難的事情開始，降低門檻讓自己順利啟動。
- □事先準備好要做的任務，排定完成時間。
- □早上的第一件要事，就是做一些與你的目標和夢想直接相關的事。

第5章

當計畫進度不如預期時

1　從「目標」、「時間」、「行動」這三個角度找出原因

計畫永遠需要修正，沒有什麼「一切都會順利進行」的道理，這一點請你務必記住。

當計畫進行得不如預期時，請你從這三個角度大致找出原因。

①目標的擬定方法

②時間的使用方法

③行動方法

關於①「目標的擬定方法」，**首先就是再問自己一次：「真正想要達成的目標是什麼？」**。

再問自己一次，是為了確定有沒有哪裡違和或是感覺彆扭。如果有這樣的

感覺，那即使已經定好目標，你也是邊踩煞車邊前進，不大可能順暢無阻，或許重新設定目標會比較好。

接著，就是確定任務是否都有分解完成。因為任務沒有分解完成，可能會造成行動中止、花費的時間超過預期，使得計畫沒有進展。

關於②「時間的使用方法」，則是**確定預估的時間有沒有重大的誤差。**任務的預估時間跟最後實際花費的時間如果沒有太大誤差，就表示任務成功執行完畢，接近達成的目標。

下一步是確定有沒有充分保留緩衝時間。以可能會有緊急事件和突發狀況為大前提，必須先預留一點空白時間。不過，即使保留了緩衝時間，也有可能時間不夠你把事情處理好。

最後，是關於③「行動方法」這個角度。**請先確定自己有沒有整頓好環境，以便能夠遵守訂下的期限。**當你朝著實現目標和夢想邁進，如果那跟工作無關的話，公司並不會替你管理期限，你必須要有一個人去執行完畢的能力。

發生什麼樣的情況，容易讓你停止行動，無法再持續下去？把這些令你擔憂的點找出來，然後逐一消除。

為了每天都能做到自己想做的事，讓它不只是一個「想做」的願望，也要有「去做」的意圖和執行力才行。人就是會偷懶的動物，把不做的理由一個個消除吧。

Check List

□未能按照計畫進行的時候，要重新審視目標的擬定方法、時間的使用方法和行動方法，加以調整。

2 「沒有時間」的真正原因

⑴ 誰掌握了時間的控制權？

「你感覺自己被時間追著跑嗎？」

關於這個問題，依據「精工時間白皮書二〇二三」的調查結果，有64・5％的人覺得自己被時間追著跑。二〇二二年的同一項調查，也有66・3％這麼高的數字。

然後，有49・2％、大約是一半的人回答：跟以前相比，被時間追著跑的感覺「更強了」。

究竟為什麼很多人會感覺「沒時間」呢？

一天固定只有24個小時，所謂「沒時間」，可以說是在這24個小時內塞進

● 平常對於時間的感覺

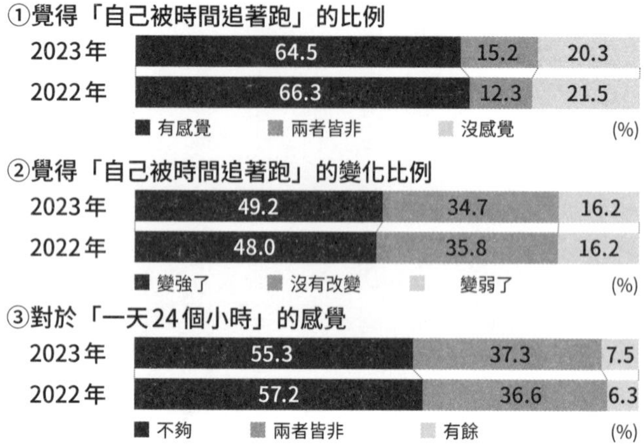

了超過實際上能夠做到的事情。

此外，明明時間充裕才對，卻未能有效運用，可以說通常是因為思考「要做什麼」的時間太長了，也或許是資訊量過多的這個時代更加難以選擇。

「沒時間」有兩種涵義：因為該做的事情太多沒有時間，或是因為想做的事情太多沒有時間。

這兩者看起來很像卻完全不同，差別在於時間的控制權由誰掌握。如果你有掌控權不在自己身上、「不得不做！」的感覺，請先考慮把自己當成主詞轉換思維吧。

試試看，從「因為主管交代，必須在今天把企劃書完成」，換成「這項企劃絕對要在會議中通過，為了讓主管今天能夠審核，把企劃書完成吧！」這樣的想法。

把「因為孩子還小，要兼顧工作跟養育兒女會沒有時間，所以沒辦法」的想法，換成「想要珍惜跟小孩相處的時間，但是也不想放棄職業生涯。說真的，時間再多也不夠，努力找出最好的平衡點吧！」這樣的想法。

感覺時間控制權不在自己身上，以及感覺時間控制權在自己身上、是自己選擇的結果，這兩種不同的心態在面對被時間追著跑的情況時會有很大的差別。

如果是自己的選擇，只要重新審視自己的時間使用方法就好。然而，如果始終覺得控制權不在自己身上，再怎麼重新審視時間的使用方法，還是不能從根本上解決問題。

以往的時間管理術，很多都是利用短時間、高效率來生出空隙時間，追求的是如何把任務消化掉。但其實這並不是主導權掌握在自己手上的狀態，會因此一直感覺自己被時間追著跑也是理所當然的。

「要有目標和夢想」、「要採取行動」、「自己的人生，要自己想辦法開創」，現在是被暗暗要求要永遠往前走的時代。

擁有目標和夢想、擁有行動力，當然是很棒的事情，但是最重要的是：控制權是否掌握在你自己的手上。

(2) 把「時間應該高效運用」這種刻板想法拿掉

這絕對不是說一般常見的時間管理術不好。工作或目標、家事等，都需要在有限的時間內做出成果來，在這種情況下，就必須運用短時間高效率的方法來使用時間。

但是，**如果24小時都是這樣進行時間管理和運用的話，會變得非常痛苦，所以重要的是什麼方法要用在什麼地方。**

例如，跟孩子相處的時間，就要配合孩子的步調有創造性地度過，才會覺得舒服。至於用在興趣嗜好的時間，也不要考慮效率好好去享受，心靈才會覺得充足，身心都可以煥然一新。

追求高效化，就像是吃碗子蕎麥麵一樣，一小碗一小碗端上來，要做的事情一項接著一項出現，結束一件之後「再來一個」又「再來一個」。

一味追求高效化工作，完成一件工作，下一件工作很快又會上門。越是提高生產力和效率，變成一項又一項的工作越來越快上門，結果要做的事情只會越來越多。

提高生產力和效率之後，你的人生不會變得充實，是你覺得人生充實之後，生產力和效率就會提升，請你不要忘記這一點。

順序是相反的，不是「有成果之後，人生就會充實」，而是「覺得人生充實之後，才會獲得更多成果。」

因此，**請不要只是一味追求高效率，也請你為自己保留餘裕，留下空白時**

間。過度地減省浪費，也可能會失去產出新東西的時間。請你也把喘息的時間排進工作行程裡，朝著實現目標和夢想持續前進吧。

Check List

□面對「不得不做的事」，請你把主詞改成自己，重新詮釋。
□調整想法，把時間的控制權握在手上。
□想想看，讓時間更有效率的話，你會獲得什麼？
□保留餘裕，重視留白時間。

3 讓行動持續下去的三大關鍵

(1) 善用習慣化以消除決策疲勞

我們每天都要做很多決定，例如：「今天吃什麼好呢？」、「穿什麼衣服好呢？」、「要從哪件事開始做起呢？」、「去哪家店好呢？」……。

根據劍橋大學芭芭拉·薩哈金（Barbara Sahakian）教授的研究，**每個人一天最多要做3萬5千次的決策。**

想必很多人並未確實感受到自己有做這麼多的決策吧！然而，做了這麼多的決策，大腦會疲勞也是當然的吧。

賈伯斯（Steve Jobs）和馬克·祖克柏（Mark Zuckerberg）會選擇穿著同樣的服裝，理由其實也是因為這樣。

每天都需要做出許多重要決策的他們，清楚意識到不要在無謂的事情上使用決策力，以避免決策疲勞。

我們也應該學會注意這一點：**試著把某些能做的事情規則化，把它們變成習慣，盡力減少無謂的決策次數吧。**

所謂「習慣」，就是在長時間反覆執行當中，讓這些做法變成像常態一般自動完成。

例如，一般人「早上的習慣」就是起床後先刷牙洗臉等，就算還沒真正睡醒，身體也會不加思索去進行這些動作。

習慣化的好處就是有助於消除決策疲勞，省下決策時間，把精力分配到真正重要的事情上。這樣的結果就是會創造出時間，在關鍵時刻也能做出準確的判斷。

而且，**還可以讓大腦有限的工作記憶增加容量**，工作記憶是在大腦裡暫時儲存、處理資訊的能力。透過習慣化，釋放出原本容量就少的工作記憶，也能提高工作或讀書的效率和表現。

習慣化的效果與好處，平常可能不容易感覺得到，但是當習慣成自然的事情被打亂的時候，就會確實感受得到。

例如，每年4月是日本新年度的開始，也是職務異動或就職、入學、升學等生活或工作的節奏改變的時期。若自己是當事人，自然能夠感覺得到變動。若是家人或同事產生變動，自己也或多或少會受到影響。

過去已經習慣無須思考就會自然去做的事，很可能必須從頭開始建立新慣例。這時候會發生什麼事呢？就是決策次數會增加，也就是容易發生決策疲勞的情況，不僅花費比平常更多的時間，又會增加疲憊感。

像這樣的情況，在新冠肺炎疫情一開始發出緊急事態宣言時，對很多人來說就非常顯著。

居家工作的人增加了，孩子們的學校停課，全家人一整天都在家的情況持續了許多日子。

平常都按照自己的步調生活，但決策的次數突然間因為在家的人數變多也增加了。「中午幾點吃飯？」、「要吃什麼？」、「線上會議在哪裡開？」等等，直到真正習慣為止，一定會有試誤的時間。「明明就不需要通勤上班，應該會變得更輕鬆才對，但為何我會這麼累？」當時，有很多人來找我商量這樣的煩惱。

這種疲勞感，就來自於決策疲勞。

因為決策疲勞而減少行動量，結果達成目標的道路也跟著變得漫長了。平常就要留意到習慣化的好處，有意識減少不必要的決策次數。

習慣化的重點，就在於不慌不忙，一次一小步，一步一步地做。

可能有些人一早起床，就開始念資格檢定的書，做伸展操，然後吃早餐等，把這幾個行動一口氣習慣化，但是這樣的門檻相當高。長期而言，光是持續一件事就很不容易了，所以要把門檻降到最低，從「打開考古題庫」開始，一步一步啟動、持續下去。

此外，**跟已經習慣成自然的行動結合一起做，會比較容易習慣化。**刷牙的同時做深蹲等，就是很好的例子。

請你也學會把某些事情一步一步地習慣化，逐步減少日常的決策疲勞吧。

(2) 不是提高動機，而是不要讓動機持續降低

「只要動機持續下去，目標就一定能夠達成」，這句話的涵義就是「想要達成目標，一定要有動機。」

但實際上，我經常接到「要怎樣才能提高動機？」的諮詢。每當接到這樣的問題時，我都會告訴他們：「比起動機要提高的意識，你更要注意的是，該怎麼做才不會讓動機持續降低？」

說到底，動機的來源究竟是什麼？

動機的來源有兩種：一種就是從興趣和關心開始湧出的「內在動機」，另一種就是由評價或處罰為起始點的「外在動機」。

內在動機是對事物有強烈的興趣，從探求心產生的價值感或成就感，因此容易維持高品質的行動、發揮高度專注力。

相對地，外在動機來自於報酬或懲罰這種由外部產生作用的動機，「有成果就給你報酬」，「沒有成果就會得到懲罰」，類似這樣因為是簡單易懂的動機，在短時間內雖然會呈現出效果，但特徵就是效果不會持久。

因此，**若能以外在動機為種子，與內在動機產生連結的話，這樣的動機就容易持久。**在擁有「想做某件事」的心情之前，了解「為什麼要做」、「為了什麼而做」、「達成之後，會有什麼樣的未來在等著我」等目的，深入挖掘內在動機吧！

也有像這樣的例子：只要拿出成績來，就能夠領到更多的獎金，為此辛苦埋頭苦幹的業務員D，因為被數字評價左右而感到疲憊，跑來找我商量。

「再這樣下去，我就完蛋了！」，他這麼說。因此，我請他寫出除了數字之外，自己做了覺得開心、歡喜的事。結果他發現，隨著經驗的累積，他了解到屬於自己的業務手法，而且看到使用商品的客人歡喜的樣子會很開心。

之後，他把業務手法教給後輩很有幫助，於是產生了想把商品送到更多人手上的念頭，學會了以自己為主體積極行動。

像這樣，把外在動機和內在動機結合在一起，就會產生很棒的動力。

不過，動機是時高時低的東西，這個時高時低如果像雲霄飛車那樣翻來覆去，那光是這樣就會覺得疲憊了。要把降低的動機提高是需要很多能量的，因此必須盡量不要讓動機降低。

動機降低主要有三大原因：

- **無法持續下去。**
- **擬定了不合理的計畫。**
- **跟別人比較。**

因此，擬定有可能達成的計畫，對維持動機來說也是很重要的。

就動機下滑這一點來說，應該注意的還有另一件事，就是剛才說的「習慣化」。

• 讓動機的振幅變小

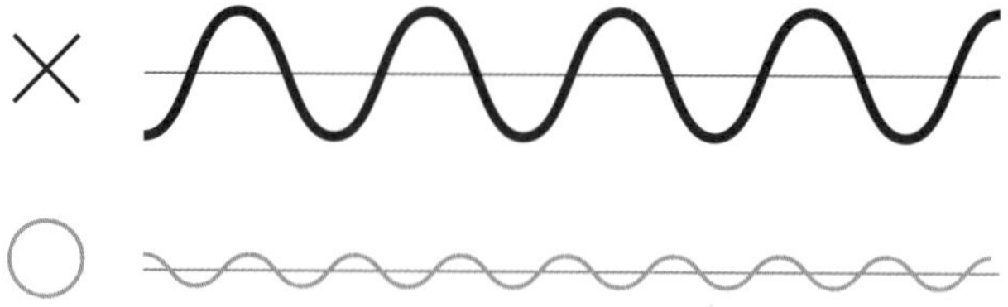

動機是會時高時低的東西，與其去注意提高動機，不如主動避免降低

在養成習慣之前，要「先做這個，接下來再做這個……」，這樣對每一項任務產生意識。

然而，在習慣了之後，不需要特別意識也會做到，就變得理所當然，做了也不再特別感到有趣。因此，只是做一些習慣化的任務，很容易會產生停滯感，覺得「嗯……怎麼感覺好像每天都一樣？」

很多習慣化的任務，是每天都會做，也是理所當然要做的事。光是消化這些習慣化的任務就需要時間，就像運動前的熱身也需要時間是一樣的道理。

類似熱身這樣的基礎準備確實很重要，例如：為了打贏比賽，就必須要有充分的練習時間；想要通過資格考試，不只輸入，輸出的時間也很重要。也就是說，光是完成習慣化的任務，是無法達成目標的。

為了未來而播種、朝向目標的達成，請好好保留輸出及練習的時間吧。此外，也要準備好對策，預想在動機好像要下滑時如何因應。

平常就把一些能讓自己維持正面心情開心的事、讓人沉穩下來的事、可以一掃憂鬱的事、感覺舒服的事、自己很喜歡的事……等等都列出來，在動機好像下降的時候，就安排時間去做這些事。

從事你的嗜好、去看電影、上健身房、去吃好吃的東西、到喜歡的咖啡廳坐坐、聞聞喜歡的香味、用一些花朵裝飾布置等等，選擇一些你輕鬆就能夠做到的事。

平常就可以用這種能讓自己感覺舒服的事情來填滿時間，動機就不大容易

大幅下滑。請你在平日就意識到這一點，把這樣的時間安排進去吧。

(3) 降低對自己的期待值

當我開始從事這份工作之後，最訝異的是，很多人都沒有察覺到自己其實無意識一直在鞭笞自己。就我看來已經是十分努力的人，但他們都說自己「還早得很」。

請各位也務必自我檢查一下，這些問題你中了幾項？

- **□雖然一直都非常努力，但是感覺這種拚法已經到了極限。**
- **□經常把時間用在緊急事件上，無法把時間花在未來的事情上。**
- **□想要更進一步提高行動速度，提高生產力和效率。**
- **□明明是在做自己喜歡的事，卻在不知不覺間被時間追趕，每天都疲於奔命。**
- **□有太多想做的事，不由得削減了睡眠時間。**
- **□工作時間跟私人時間無法清楚切換。**

□想為了累積經驗奮發努力，但是心理層面卻跟不上，而且這種情況已經持續了幾年。

□覺得自己還早呢！還可以更加油一點。

只要中了三項以上，你可能就是我在前文中說過的，一直在無意識間鞭笞自己的「隱性努力者」。

我自己就是這樣，決定要做什麼之後，總會想要努力到最後，不由得會一直鞭笞自己，這種心情我不是不明白。如果是在明白這一點的情況下努力的話就沒關係，可是如果自己也沒有察覺就要注意了。

因為在自己沒有察覺的情況下，會給身心帶來負荷。好不容易能夠朝著目標和夢想行動，要是在中途倒下了，那就得不償失了。

「隱性努力者」的特徵是：對自己的期待值很高。

對自己有期待本身是一件非常好的事。「我還可以做得更好！」，可以這樣鼓勵自己，是讓達成目標的行動能夠持續下去的必備要素。

然而另一方面，若是經常覺得「這樣還不夠！」、「這樣是不行的！」，就會變成否定「現在的自己」。如果這種情況一直持續下去，可能就不會得到想要的結果，可能會停止行動，或是在無法按照計畫進行的時候，覺得「果然我還是不行呀！」，不斷地否定自己。

「現在的自己」也已經十分努力了，請記得要這樣慰勞一下自己。

當我感覺很痛苦時，會想起明石家秋刀魚先生的名言：「光是活著就賺到了。」對，能夠活著本身已經是奇蹟，有想做的事情也很幸福了，只要還活著不愁沒有機會。

對自己的期待值過高時，有三種方法可以降低期待值，請你試試看。

第一個方法是在回顧計畫的時候，先看看自己已經做到的事情，不要把已經做到的事情想成理所當然，自己能夠做到的事情要老實地給予讚美。關於這點，第6章第2篇也會談到。

第二個方法就是設定務實的目標、累積成功的經驗，滿足「達成」的欲望，

也能提高對自己的信賴。

第三個方法就是要有時間好好睡覺、運動和吃飯。

身體的健康會影響心理的狀態，光是消除疲勞感就有助於正向思考。為了能夠穩定地朝著目標和夢想前進，身心健康很重要。與其無理勉強逼迫自己，不如好好地掌握睡覺、運動、吃飯的時間。

所以，我會留意每天都要有7個小時以上的睡眠，每天走路，一週做3次皮拉提斯，並且控制外食的次數。

Check List

□經常出現決策疲勞，會影響重大決策的判斷能力。

□為了能在重要時刻做出好的決策，可以讓一些小事情變成習慣。

□與其設法一直提高動機，不如設法維持動機，不要讓它持續降低。

□想想看什麼事情可以放鬆一下、提振自己，事先準備幾個動機似乎快下降時的因應對策。

□如果你是拼命三郎，請認可現在的自己已經十分努力了。

4 把「想做的事」與「行動」結合起來

很多事情雖然覺得「想做」，但是想歸想，卻遲遲沒有付諸行動，你是不是也有這樣的困擾？破解的關鍵就是：不要讓「想做」只是停留在願望，重要的是要把它跟「去做」的行動結合在一起。

這麼說的我，也開始了長久以來一直想做、但始終沒有付諸行動的事情，那就是皮拉提斯。

以前雖然想著「想試試看皮拉提斯」、「想活動活動身體」、「想改善姿勢」、「想瘦下來」……等等各種理由，但是想著想著，一下子好幾年就過去了。說真的，總覺得「還有很多其他想做的事」、「很不喜歡每次都要預約」、「還要找教室好麻煩！」、「地點不好」等等，比起想做的理由，我找了更多不想做的理由，所以一直提不起勁來真正去做。

此外，喜歡咖啡廳的我，也會想到「以前去過幾次的咖啡店，已經很久沒去了，很想再去一次」，「想喝老闆煮的好喝咖啡」，「令人安心的感覺，氣氛很好！」，「也可以悠閒自在地看書」……等等。

可是又會覺得「但是，那個地點……」，「反正優先順序不是那麼高」，「不想只是為了喝咖啡出門」，又找了更多不想去的理由。結果，比起想去的理由，不想去的理由在心裡的份量更大了。

後來，有一個機緣讓這兩件「雖然想做又不想做的事情」巧妙連結在一起了。我發現，在不經意中查到的皮拉提斯教室，距離那家久違了很想再去一次的咖啡廳，只要走幾分鐘路就到了！

但是，好巧不巧，就是那間教室跟咖啡店都是10點開門。不大愛出門的我，在送孩子出門之後，只要一回到家，又沒有跟誰有約的話，很容易就不會再出門。

後來，我又發現一家一早就開門，而且不會很擁擠的咖啡店。到這裡，我可以完成我的黃金例行作業。

送小孩出門後，就走到咖啡店去，開始寫東西、整理資料跟創作內容。做完創作方面的工作、在專注力耗盡之後，就到教室去做皮拉提斯。然後結束之後，再到我喜歡的那家咖啡店，去喝一杯老闆沖的美味咖啡，一面看書，或是進行未來的個人戰略會議。

我在年初開始的這項黃金例行作業，已經持續了六個月。盤點一下，能夠持續下去也全非偶然，是由這幾點串聯起來的。

①把自己覺得開心的事、期待的事安排進去。

②「做完……，再做……」，把幾個行動組合起來。

③先決定好在什麼場域做什麼事（不會猶豫該做什麼，避免決策疲勞）。

為了踏出那一小步、為了行動能夠持續下去，要做的事情是一樣的，那就是不要讓「想做」仍然只是想做，要有意地把它跟「要做」的事情配成一套。

然後，也請千萬不要忘記人是懶惰的動物。把所有能夠想到不去做的理由，一個個都粉碎掉吧。

Check List

- □讓「想做某事」的念頭不只停留在願望，全部改成肯定語氣，變成「要做！」
- □把可能無法持續下去的擔憂全部找出來。
- □然後採取行動，把所有的擔憂都粉碎掉（記得：人是懶惰的動物。）

5 把「就是想達成！」的動力泉源挖出來

要確實執行定下的目標和計畫，最重要的是光是想像未來就感到興奮雀躍的心情、快樂的心情，最重要的是想要採取行動的感情，而不是完備的規劃能力，或是堅強的意志力、行動力、時間管理技巧等等。

然而，就算你設定的目標和夢想，是你打從心底想要做的事，想要實現也有必須跨越的種種關卡，有時候很難。

這種時候，就要努力去挖掘快樂的情感，進行「雀躍心情的挖掘」，要做的事情很簡單。

①想想看，為了達成目標和夢想，在你心中最大的阻力和障礙是什麼？

②如果完成這件事會怎麼樣？請往下挖掘約10次。

● 雀躍心情挖掘表

現在，你的目標是什麼？究竟為了什麼而做？

↓ 達成目標之後會怎樣？
再下一步會怎樣？
再下一步會怎樣？
再下一步會怎樣？
再下一步會怎樣？
再下一步會怎樣？
再下一步會怎樣？
再下一步會怎樣？
再下一步會怎樣？
❤ 再下一步會怎樣？

作為範例，就以敝公司銷售的「時間分配手帳」當初第一次製作時的情況來說。最大的障礙是實體銷售，還有庫存太多的恐懼，以及能不能吸引顧客購買的擔憂。在這種情況下吸引顧客的方法，就是運用各種行銷手法，和可能成為商品使用者的人接觸，讓他們知道產品的魅力，直接連結到購買。

從這裡開始向下挖掘。

吸引到顧客之後會怎樣？

↓會很高興，也會有自信。

高興了、有自信之後會怎樣？

→接下來要吸引顧客時就不會那麼不安了。

對吸引顧客沒有不安之後會怎樣？

→可以做更多自己能做的事回饋給顧客。

自己能做的事回饋之後會怎樣？

→營收會提高。

營收提高之後會怎樣？

→又可以學到新東西，可以有新挑戰。

學到新東西和新挑戰之後會怎樣？

→知識跟經驗都會增加，人生會更加豐富。

知識跟經驗都增加，人生更豐富了之後會怎樣？

→可以從事教育事業，能夠貢獻社會。

以我的情況來說，因為擁有「從事教育事業，透過時間分配管理，把生活的樂趣教給孩子們」的願景。所以，在「教育事業」這個詞彙出現的時候，我

● 作者自己的例子

Q1
在做行銷推廣的時候，
障礙最大的行動是什麼？

Q2
做了那件事之後會怎樣，
試著進行約10次的向下挖掘。

（※運用「雀躍心情挖掘表」）

吸引到顧客之後會怎樣？
會很高興，也會有自信。♥
高興了、有自信之後會怎樣？
接下來要吸引顧客時就不會那麼不安了。♥
對吸引顧客沒有不安之後會怎樣？
可以做更多自己能做的事回饋給顧客。♥
自己能做的事回饋之後會怎樣？
營收會提高。♥
營收提高之後會怎樣？
又可以學到新東西，可以有新挑戰。♥
學到新東西和新挑戰之後會怎樣？
知識跟經驗都會增加，人生會更加豐富。♥
知識跟經驗都增加，人生更豐富了之後會怎樣？
可以從事教育事業，能夠貢獻社會。♥

就湧現「只要能過這一關，就離夢想更進一步了！」的雀躍心情。

當這個反覆向下挖掘，若湧現了「要是不馬上做就虧到了！」、「好想做！」的心情，就快點著手去做目前要做的事吧。

直到這樣的心情出現，不要說10次，請你盡量向下挖掘。

能夠改變未來的是「現在」的行動，如果現在不能夠立刻行動，目標就沒有意義。

無論多小的事，或是無論障礙再怎麼大，只要能夠跨過去就能實

現目標和夢想。

當計畫進行得不如預期時，試著想起初衷，再往前踏一步吧。

Check List

□把你覺得障礙大的事情寫出來。

□如果完成了那件事會怎樣？請抱著挖掘快樂心情的想法，向下挖掘約10次或是更多。

第6章

回顧計畫

1 把回顧的時間排入時程

就算朝著目標行動，只是一直做，也不曉得是否接近達成目標，不確定整體的進度如何，因此要保留回顧的時間，以及設計下一個計畫的時間。

我的建議是每天、每週、每個月都要回顧，可能有人會說花這麼多時間回顧是浪費時間，但回顧是有意義的。

習慣了以後，你不會花太多時間就能做到。只有在剛開始的時候，要請你有意識努力去做。

(1) 一天的回顧

睡覺前，或是朝著達成目標努力過的最後時刻，可以趁機檢視一下你今天前進了多少。

建議任務是以一週為單位來管理，這個我在第4章就已經說過了。今天沒有做到的事情，就要確定能否在本週保留的緩衝時間內調整補上。如果進度狀況差的話，就看是否可以擠出時間，或者只能重新設定期限。若能按照今天預定的進行，就只要檢查確認一下明天要做的事情就可以，所以應該只需要5分鐘就結束了。

題外話，當天的任務當天早上決定或確定的人，應該很多吧？

起床後的3小時是大腦的黃金時刻，是大腦活動很活躍的時間，把這段時間用來思考一天的預定安排是很浪費時間的做法。

因此，**最好是在前一天決定行程和任務。**更進一步來說，如果不要在睡前，而是在做完之後立刻回顧，然後確認一下明天的任務的話，也可以減少之後還要回想「是做到哪裡了？」的回憶時間。

據說，**在前一天就把行程排好跟沒有在前一天排好的情況相比，完成任務**

的時間會有1個小時以上的差距。不用說，時間當然是浪費了。

（2）一週的回顧

一週的回顧，是在週日晚上進行，確認一下一週以來的進度狀況。以一週為單位來管理任務的好處，也如第4章說過的那樣。

在進行一週的回顧時，首先回顧一下本週的任務，確認是否按照計畫進行。接著，就是花一點時間來確認下週要做的任務，釐清一週的目標，並且在腦子裡模擬一下整週的流程和進度。

由於任務以每週為單位管理，所以擬定具體的詳細行程是在一週回顧的時候進行。

把本週沒能做到的事情包含在內，逐步擬定下週的工作行程和安排。這個時候，雖然還沒有擬定詳細的計畫，但是應該已經有寫下「某某事要在本週做」的紀錄。如果把沒有完成的事情一直往後拖延，就只會越積越多，發生無法在

● 一週的回顧

一	二	三	四	五	六	日

到週日晚上前，一定要回顧＆擬定下週的行程 →

→ 週一早上開始，朝著本週目標開始行動

注意！不可以在週一早上進行回顧＆一週的行程擬定！

保留的時間內完成的情況了。

因此，必須注意緩衝時間要稍微留長一點，保持餘裕，或是預估所需的時間要抓得更準確一點。

③ 一個月的回顧

接著，是每個月的回顧。

每個月找時間跟自己開個戰略會議吧。可以的話，我會建議不要帶電腦，也關掉手機，跟自己面對面。這個時候，請不要輸入多餘的資訊，集中精神思考自己的時間與未來。

我也會每個月一次，只帶著手帳

到喜歡的咖啡廳去，用大概兩個小時的時間，跟自己開個戰略會議。回顧計畫或是自由想像未來想做的事，然後把這些全都胡亂寫進筆記本裡。

這也是意想不到的創意產生時間，因此對我來說是非常快樂、不可欠缺的時間。

此時的回顧，就以「3個月計畫表」上寫的計畫為本來進行吧。確定一下是否朝著三個月的主題順利進行。

每天的進度狀況多少會因為調整，把一些落後的部分拉回來，或者是有些可能已經提前完成了。但如果有和計畫大幅差異的情況發生，就必須重新從根本去檢視「按照這個方向做可以嗎？」、「這個計畫可行嗎？」、「優先順序這樣排可以嗎？」……等等。

到這裡是一個月的回顧，關於現在沒有必要做的事，就把大概的時程目標定好，排到往後的未來行程表裡。並且，如果判斷不需要做，就把這項任務放掉。

（4）回顧「3個月目標」的時機和方法

根據累積到目前為止的行動，接下來三個月的目標應該也清楚了才對。

我經常被問到：「三個月的目標，要在什麼時間點擬定呢？」這一點因人而異，不會有明確的答案。

如果是要到時間靠近才擬定目標的人，例如要擬定4～6月的目標，那麼最遲在3月擬定就可以了。可以的話，在3月就看到7～9月的目標會比較好。

第2章說過，也有人在確定「1年目標」時，就能把四個「3個月目標」分解好。

回顧「3個月目標」，是為了在需要修正、調整時，可以在那個時間點進行。

修正的時機快的話，就在每週回顧時做，不過基本上在一個月回顧時修正就可以。因為在每週回顧的時候，若預計下週似乎就能夠補起來，那麼就沒必要修正「1個月目標」和「3個月目標」。

如果需要多次修正軌道，那麼相較於達成目標，可能變成修正軌道才是目標了。

此外，除了寫出來的任務，如果發生了追加的任務，也要好好記錄下來。然後，在達成的時候畫個「〇」，可以確實感受到正在前進。

特別重要的是：雖然寫出來了卻沒有去做的任務，要了解一下是為什麼。判斷「不去做」而不是將這個任務往後延，也是有可能的。放掉任務本身的判斷也非常重要。

若決定不放手的話，就要確定「改成什麼時候做」。例如，本來10月上旬要做的事情，就重新設定到12月上旬再做。

另一方面，若判斷為暫時不會去做的任務，那麼乾脆決定「不是現在」，丟到以後再做也不是問題。

例如，原本打算今年10月要做，但是出現了更重要的事情，於是判斷丟到明年再做。決定「要做或不做，到明年4月的時間點再重新判斷一次」，就像用自己的意志決定把球往前丟一樣，抱著「你先到未來等我！」的正面心情，

● 在「3個月計畫表」上填入「回顧」

3個月計畫表

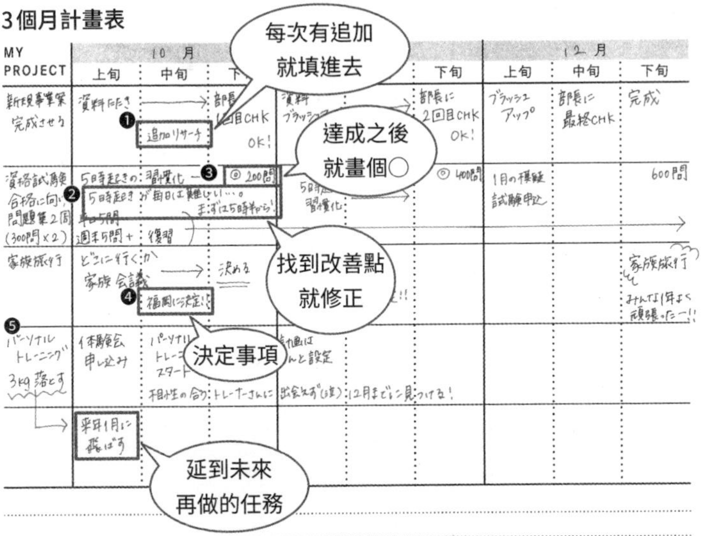

❶追加調查
❷習慣5點起床→
　每天5點起床太難⋯⋯先從5點半開始
❸200題
❹召開家庭會議討論去哪裡
　　　　　　決定去福岡
❺個人訓練　申請體驗　開始訓練　和教練一起安排計畫
　減重3kg　　　沒遇到合得來的教練（哭）12月前要找到！
　　　　　改到明年1月

把任務跳過去。

也有人會對順延或先擱置抱持著負面情感，但其實沒有這個必要。像這種時候，也是運用自己的意志迎向未來，再去好好地享受吧！

Check List

- □每天、每週、每個月回顧一次，事先保留定期回顧的時間。
- □每天都回顧並且檢查一下明天要做的事。
- □在週日晚上之前要做一週的回顧，並且確認下週的計畫。
- □每個月一次，抽空確認整個月的目標進度情況，回顧計畫並修正軌道。
- □回顧「3個月目標」並修正軌道。

2 需要回顧的三大項目

說到回顧，有很多人都會從沒完成的事、需要改善的點開始看起，但是這樣會把「沒做完」這件事印到自己的腦海裡。

因此，我們首先要把眼光看向已經做好的事，對於已經做好的事，要很誠實地給個讚美。學會認可自己，對總是比較謙遜的人來說也是必要花的時間。

一開始，可以先像這樣，把「成果」寫出來。

- 自己覺得已經做好的事。
- 覺得幸好有做的事。
- 做了之後還想持續做的事。

寫出「成果」會提高對自己的信賴度，當信賴度提升的情況下，心裡感覺

● 以「時間」要因為主軸，將課題分類

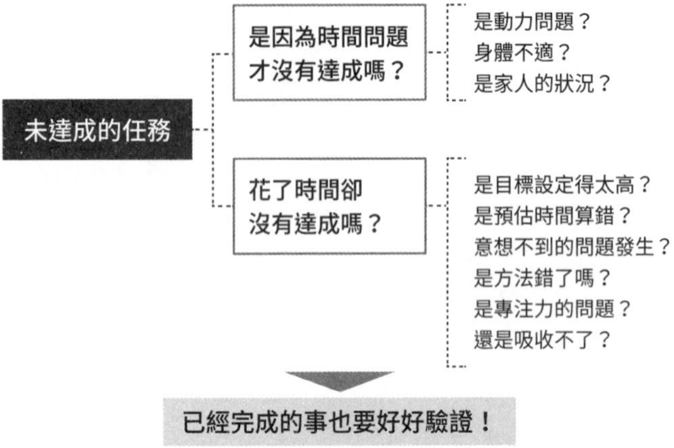
未達成的任務
是因為時間問題才沒有達成嗎？
是動力問題？
身體不適？
是家人的狀況？
花了時間卻沒有達成嗎？
是目標設定得太高？
是預估時間算錯？
意想不到的問題發生？
是方法錯了嗎？
是專注力的問題？
還是吸收不了？
已經完成的事也要好好驗證！

輕鬆一點，就能冷靜客觀地看待事實。

滿足了「達成」欲望之後，接著就開始寫出「改善點」。

- 本來想做卻沒能做成的事。
- 能再多做一點就好了的事。
- 很難持續做下去的事。

把這些事情寫出來之後，請以「時間」因素為主軸將課題分類。

是花了時間卻沒有達成？還是時間不夠，所以沒能完成？依據不同因素，未來的改善方法也會不一樣。

明明花了時間卻沒能完成的情況，有可能是目標設定得太高了，預估的時間算錯了，也有可能本來就準備不足。

相反地，沒有足夠時間所以做不完的情況，有可能是因為身體不適、家人有狀況，或是有突發性的工作找上門。

為了防止未來再發生類似的狀況，應該怎麼做，把具體原因弄清楚。

你將會明白，正確預估時間、緩衝時間設得比自己所想的還長、看著整體工作行程來安排優先順序，這些事情有多重要。你必須永遠記住，誰都不知道會發生什麼事情。

最後就是放手，把未來想要放手的事情寫出來。

● 需要回顧的三大項目

1 成果

- 自己覺得已經做好的事。
- 覺得幸好有做的事。
- 做了之後還想持續做的事。

……有加分的點是什麼？

2 改善

- 本來想做卻沒能做成的事。
- 能再多做一點就好了的事。
- 很難持續做下去的事。

……感覺有必要改善的點是什麼？

3 放手（捨棄／交給別人／放緩）

- 效率不好。
- 發現是為了「不得不做！」的義務感而做的。
- 本來重要度就不高，沒有必要做。

……今後，就捨棄／交給別人／放緩，可以放手的是什麼？

再怎麼細微的小事都可以

跟「成果」、「改善」放在一起的，還有一件很重要的回顧事項，那就是「放手」。

- 做了之後效率很差的事。
- 只是因為覺得「不得不做」而做的事。
- 本來重要度就不高，判斷為沒有必要去做的事。

諸如此類，把你認為以後「沒有必要做」的事情寫出來。

Check List

☐回顧的時候，從成果、改善、放手這三個角度來回顧。

3 放掉一些東西生出時間

(1)「捨棄／交給別人／放緩」，用這三種方式放手

每個人一天都只有24個小時，我們現代人要做的事情，多到就算縮短時間、提高效率硬擠出時間都不夠的程度。儘管已經縮短時間、提高效率，要做的事情還是一直增加，最後還是不免被時間追著跑。

為了能夠多生出一些時間來，有必要做更根本的改善。

想要實現目標和夢想，想在有限的時間內嘗試新的挑戰，更需要「放手」。在人生中，我們甚至沒有足夠的時間做完自己想做的事情，因此要意識到時間必須用在只有自己才能做的事情上。

那麼，就來看看該怎麼放手才好。

將任務放手，必須掌握的是「捨棄／交給別人／放緩」這三種方式。

例如，只因為「以前的同事一直都有做」而做，但效果沒有很好的業務，就要「捨棄」。

「這項業務很重要，但是為了培養人才，把它交給部屬試試看，或許是個好機會！」像這樣的業務，就可以「交給別人」。

一開始雖然試圖去做完美的企劃書，但完成30%後先跟主管確認方向性，這樣才能在事前防止疏失，在得到主管的反饋後，可能就可以一口氣完成到70%。所以，不要在一開始就追求完美，放緩一點。

培養部屬、減少疏失，把任務放手後，還能期待除了多出時間之外的效果。想想看，有沒有什麼可以用「捨棄／交給別人／放緩」的方式放手的事情？

此外，**你要「放手」的事情，請你用自己的心情感覺是「舒服，還是不舒服？」為基準來篩選。**為了讓自己的時間保持舒適愉悅，必須把感覺不舒服的事情放掉。

(2) 放手不是一天就能做到

如果是顯而易見的小任務，應該就能輕易放手吧。

但經常還是會有例如「就算放手了，還是覺得自己做比較快」，「自己做品質才會高」，「交接的時間很浪費」……這種心裡雖然明白，卻還是扛在身上無法放手的情況。

遇到這種情況，我希望你想到的是：**「你要的是現在這一瞬間的煩躁，還是就這樣永遠煩躁下去？」**的問題。

我好像聽到有人說：「交接可不是一瞬間就可以結束的喔！」，但是為了迴避交接作業那段時間的煩躁，而一直維持在「只有你才能做」的狀態，這件事的危險性我希望你能理解。

只有你才能做的事，如果是你喜歡、擅長的，而且很快就能做完、不會給你帶來負擔的話，本來就沒有放手的必要。但是，**當你覺得煩躁的時候，那就不是你非做不可的事了。**再說，要繼續往下一個階段去的話，一直背著它也很浪費精力。

以培育的角度來說，你的放手會有正面作用。

你應該把時間花在只有你能夠做的事情上，把時間貢獻到那些事情上吧。

（3）真正必須放手的不是任務，而是「應該做、不得不做的想法」

時間的利用方式，代表了個人的價值觀。例如，當了解「沒有時間可以做自己想做的事情」這種狀況的背景之後，有時會發現是因為面子或主觀印象，或只是鑽牛角尖的想法等等。

例如：「工作應該優先於私人生活」，或「在上班時間如果做不完，就應該在家裡做」，或是「應該自己煮飯」等等，當你發現自己有這樣的想法時，請你在回顧的時候寫出來。

放手，有時是不可能突然做到的。首先，要從「察覺令你不舒服的事情」

開始。

「察覺」之後，就是「承認」。即使察覺到「應該做、不能不做」的想法，有時你也會覺得「不，才沒那回事！」，一開始並不承認。但是，經過那樣的時期後，接著你就會開始承認了。

如此一來，實行放手的時間就到了。

從察覺令你感覺不舒服的事情開始，循著階段就能學會放手。不要著急，你可以學會放手的。

(4)「放手」並不等於「任性」

一談到「放手」，經常就會聽到「我也明白放手很重要，但是總覺得是把自己討厭的事推給別人，就會覺得很不好意思」，「感覺好像是因為自己不想做才放掉的，很討厭這樣」的聲音。

你是否也對放手懷有罪惡感？我們來改變放手的觀念吧。

● 放手不可能一下子就做到

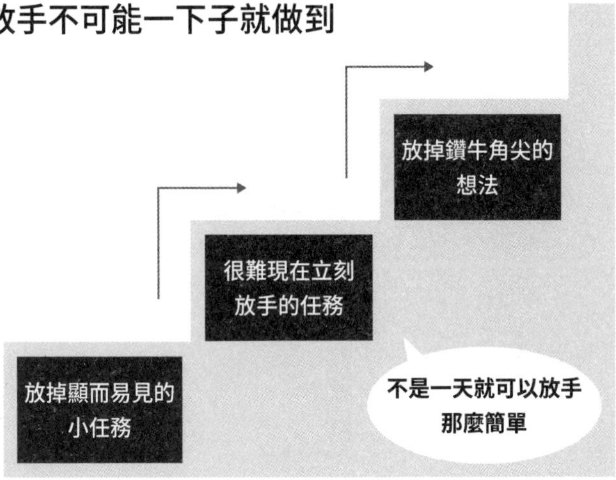

比方說，在家裡把家事交給孩子做，能讓孩子學習獨立。將家事或業務的流程跟家人或夥伴們分享，萬一有狀況的時候，就能互相幫助。

還有本來覺得自己做比較快，或是自己做品質比較好，但有時會發生一旦交給別人做之後，卻發現比自己做的品質還要好的情況。

其實自己一個人扛著，就結果而言，也有可能反而造成大家的不幸。

換個角度想，或許你是在剝奪別人成長與活躍的機會。**在家庭也是，在職場也是，不要一個人扛著，創造一個大家都能分擔的環境，萬一有狀況的時候就可以互相幫忙。**

並且，在我說的這個放手當中，也請不要想成只有「放」或「不放」這兩種極端的選擇。有時，就是因為把它想成只有「做」或「不做」的極端選擇，才會無法放手。

盡可能將任務詳細寫出來，一層一層思考吧。從可以放手的開始放手，然後把這個可以放手的範圍拓寬就好。

Check List

- □從「捨棄／交給別人／放緩」這三種方式來放手。
- □如果察覺到自己心裡有「該做、不得不做」的想法就寫出來。

第7章

有效達成目標的手帳使用法

1 使用手帳的目的

（1）手寫的效果

看到這裡，應該了解為了達成目標，計畫是非常重要的。為了確實執行計畫，如何面對時間也很重要。

並且，把計畫寫在某個地方也很重要。筆記本、手帳、數位工具……有各式各樣的工具，我的建議是用類比方式寫出來。

手寫的好處就是容易留下記憶。更進一步來說，因為自由度高，可以把腦子裡正在思考的事，在還沒有整理好的階段就寫出來，結果就是想法可以邊寫邊整理。

在類比的方式當中，再進一步來說，我會推薦的是手帳。因為如果是筆記本，可能會忘記寫在哪裡了。

許多人為了管理行程會使用手帳，但是手帳的作用並不只是管理行程，對於擬定目標和計畫、實行後制定改善策略等等，對於整理思考和行動來説也很有幫助。

在選擇手帳方面，重要的是要和「想提高工作品質」、「想要實現理想」、「想在工作與家庭中取得良好的平衡」等目的一致。自己希望未來是什麼樣子，想要往什麼樣的未來邁進，先把這些弄清楚。

(2) 按照目的別來選擇格式

手帳有按照月計畫式、週計畫式、週計畫左側欄位式、週計畫時間軸式、日計畫時間軸式等等……有各種的編排格式，接下來來介紹一下各種格式的特徵。

・月計畫式

想要輕鬆攜帶的人，為了怕忘記跟誰有約或是與客戶的約，想用來把這些預定都記下來的人，想要掌握一個月整體行程的人，都適合用這一種。

打開來的跨頁就可以瀏覽1個月的計畫，是一天一格的形式。每天可以書寫的空間較小。

・週計畫式

自由度高，適合想把當日的回顧寫進去的人。

打開來的跨頁可以瀏覽一週的內容，沒有時間軸。

・週計畫左側欄位式

適合想要統一管理預定與筆記的人。喜歡裝飾手帳的人、想把手帳當作日記使用的人、想要管理任務的人等等都很適合這一種。

左邊寫入一週的預定，右邊則是自由格式，可以自由書寫。

・週計畫垂直時間軸式

打開來看，可以瀏覽整週每天24小時的手帳形式，很適合一天內有許多預定行程或約會的人。

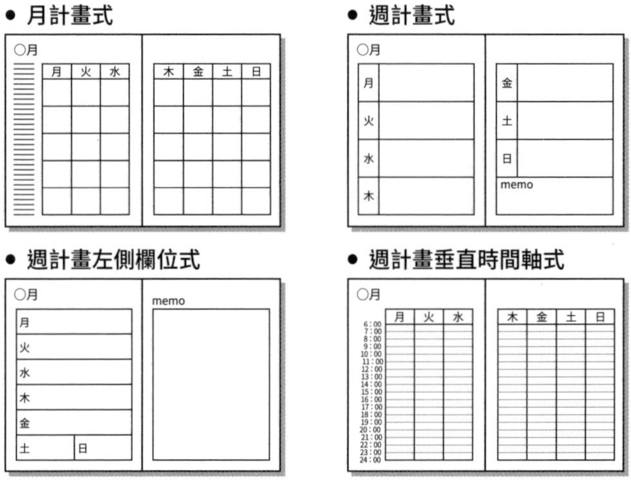

垂直的時間軸有細分成每30分鐘等等的形式，有24小時的時間軸，一般來說是從起床到就寢時間為止的時間軸。時間軸也有好幾種形式，可以選擇適合自己的格式來用。

• 日計畫時間軸式

可將一天24小時用一頁半開的方式來瀏覽的手帳形式，適合有餘力將一天的預定或工作寫進去的人。

時間軸本身的功能跟週計畫式一樣，可配合用途，在書寫上有高度自由。

（3）手帳的目的不只是行程管理

相信有很多人用手帳來管理行程，我自己也是從中學生時代就每年都會使用手帳，有一段時期以行程管理為目的來使用手帳。

回想當時，很重視的就是不能忘記截止期限和約定，因此只把「當下」這一瞬間抽出來看。當然，也會寫下未來的截止期限與約定，因此可以調整行程，也能防止撞期。

然而，這麼做的話，雖然緊急且重要的事情可以毫無遺漏地進行，但是不緊急卻重要的事情就無法進行了。

只是想著「有時間就來做」的事情，結果往往就是永遠都沒有時間，光是消化眼前的事務就已經費盡力氣了。

如果只是用來管理行程，與其帶著沉重又占空間的手帳，不如用手機的應用程式來管理，感覺起來會更有效率。

目標和夢想就是所謂並不緊急的事件，位於雖然很重要卻不緊急的象限。為了實現目標和夢想，需要保有某個程度的時間。為了擬定長期的計畫，最好能夠運用手帳。

(4) 讓時間視覺化

讓時間視覺化是手帳最大的效果。24小時視覺化自是當然，優點是可以鳥瞰整體情況和進度，也可以爬梳細節，將長期間和短期間來回切換。

首先就是，**在有時間軸式的手帳上，把如何使用時間寫進去吧。**

時間軸式的手帳有日計畫式、週計畫式，我經常被問到「哪一種好？」，**我會推薦週計畫式。**

我曾經有一個時期使用日計畫式手帳，結果缺點多於優點，於是就改成週計畫式了。

日計畫式的壞處是，很難管理一週的任務。

日計畫式的手帳是把時間切成一天一天的，必須在手帳內翻來翻去安排行程，這個翻來翻去的時間就是浪費。

第二個壞處就是，它是一天一頁，所以手帳也比較重。要隨身攜帶實在是太重了，所以我後來就放棄了。

當然，日計畫式也有好處，那就是跟週計畫式比起來書寫的欄位較多。對於寫日記的人來說，會是很充實的手帳吧。

(5) 目的並不是要充分利用手帳

我常接到「寫手帳無法持續」、「沒辦法充分利用手帳」的諮詢，但是完美使用手帳並非我們的目的。

使用手帳的目的，是為了用來擬定可實行的行動計畫，朝著目標和夢想去實現。手帳是直到我們抵達「接著就只差行動了」之前的支持者，也是陪著我們一起奔跑的好夥伴。

你是否以為手帳的所有頁面、所有欄位，通通都要填滿？你是否以為沒有全部寫完，就代表沒有充分利用手帳？

該不會是因為你被時間追著跑到甚至連寫手帳的時間都沒有吧？如果是這樣，那你只是在折磨自己而已，手帳沒有充分利用也沒關係。不過，要把它放在每天都會看見的地方。

Check List

- □手帳不單是用來管理行程，也是為了實現目標和夢想的行動而使用。
- □為了實現目標和夢想設計可實行的行動計畫，請選擇適合你的手帳類型。
- □從掌握24小時開始。
- □不要把充分利用手帳當成目的。

2 合併使用數位工具來促進行動

前一篇說過手帳或筆記本等類比工具的好處，但我絕非數位工具的否定派。當然，類比式和數位式各有長短，若能充分活用類比式和數位式的長處，也能對促進行動有很大的幫助。

數位式行程管理工具的好處，大致上有五點。

①有鬧鐘提醒功能。

②易於管理任務。

③方便運用同步功能，無論何時何地都能夠確認。

④可以多數人共用行程表。

⑤攜帶方便。

數位化的好處，怎麼說都是可以擷取「當下」這個瞬間下來。釐清為了實現目標和夢想該做的事，便可以將這些事情統一管理，也可以分享出去、在任何地方都能確認進度狀況，在截止期限到了之前還可以設定通知……這些功能都應該積極運用。

我建議的類比式工具和數位式工具的分別使用方法有這三點。

①用筆記本寫出創意點子（把腦中的內容寫在紙上）。

②在手帳裡寫出中長期計畫。

③用數位方式管理各項任務。

合併使用類比工具和數位工具，善用方法幫助自己往前邁進吧。

Check List

□類比工具和數位工具兩者靈活運用，更能幫助自己實現目標和夢想。

3 選擇適合自己的未來的手帳

由於新冠疫情，不只是工作模式，連對時間的感覺也產生了很大的變化。有人說：「過去對時間的使用方式，都是以工作為中心來思考。但由於導入了遠距工作模式，而理解以家庭的時間為中心來思考工作時間的另一個世界。」

我相信，會說這樣的話的人，可能一直以來都是拚命地用短時間、高效率的方式來擠出更多可用的時間，才得以消化更多的業務，並得出成績和成果。

以新冠疫情期間的生活為開端，希望時間的運用方式是「在短時間、高效率運用時間的同時，把因此多出來的時間用於讓人生更豐富的生活上」，這樣的人正在增加。

伴隨而來的，是對手帳的要求也改變了，朝著一如過去「為了管理時間」

而使用的手帳，以及「用來面對自己」的手帳兩個極端發展。

過去的手帳特徵

- 為了管理工作行程或任務而使用手帳。
- 為了短時間、高效率地擠出時間，為了整理時間而使用手帳。
- 為了寫出令自己期待雀躍的事情，察覺自己真實想法的手帳。

未來的手帳特徵

- 為了能在消化日常工作行程的同時，還能在有限的時間裡計畫實行目標和夢想而使用。
- 兼具對未來的想像與促進行動的目的而使用手帳。
- 為了實現自己的想法與自己開會時而使用手帳。

未來的手帳，就不單只是以管理行程和任務為目的，可能還具有開拓人生的價值。

為了實現目標和夢想，為了能夠持續行動下去，光是靠管理時間是很難實現的。在人生一百年的時代，在終身雇用制已經崩壞的現代，要以「我的人生，我負責」的角度來看，或是以「我的人生可以自由創作」來看，時間的價值也會因為不同角度而有很大的不同。

伴隨著這些，由於人生的目的也變得多樣化，手帳應該也會產生各種不同的格式吧。我想，手帳的選擇方式將變得更加有趣。

請務必選擇適合你的手帳。

Check List

- □手帳有管理時間用的手帳，以及為了面對自己而用的手帳。
- □未來的手帳將會擁有更多的多樣性，重要的是要適合自己。

4 活用手帳來實踐時間管理術

最後，請容我介紹由我發想的「時間管理手帳」。如果這種Time Coordinate時間分配的方法，各位也能套用到自己的手帳的話，請務必試試看。

「時間管理手帳」就如本書中一貫表達的，是為了「透過自己覺得舒服的時間使用方法，沿著生命中重視的價值觀，逐步完成眼前想做的事」而網羅了許多功能的手帳。

不要用片段的方式來看待時間，要用「追求感覺舒服的時間」以及「為了實現目標和夢想的行動計畫」分為「短期」和「長期」來看。

不只是一天24小時這種短期的時間，對中長期的時間也能夠一目了然地看清楚，是這個手帳的特徵。

在月計畫頁面，是全開就能瀏覽兩個月分的行程，可以用長期的觀點通盤瀏覽。

在週計畫頁面，採用可以掌握24小時的時間軸格式。在寫出任務的欄位中，也準備了可以填寫期限、預估使用時間、最終使用時間的欄位。也有回顧的欄位，可以將成果、改善、放手的東西都寫進去。

週計畫頁面是一整年不中斷連續的頁面，這是我的堅持，特別留意把一週的時間跟下一週的時間連結起來設計而成。

然後，為了讓月計畫頁面與週計畫頁面能夠發揮作用的的基礎頁面，就是接下來這三個原創的頁面。

①了解對自己來說感覺舒服的時間使用方法（5個「我」的角色劃分表）

首先，要保住對人類來說最重要的睡眠時間。這張表是把24小時扣掉睡眠時間之後，思考如何均衡運用時間的表。不只是單純寫下文字，正因為是以24這個有限的數字來表現，才有辦法客觀看待。

● 月計畫頁面

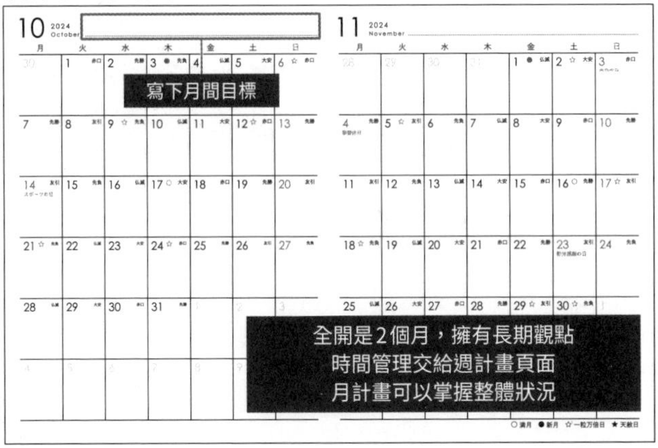
10 2024 October
11 2024 November
寫下月間目標
全開是2個月，擁有長期觀點
時間管理交給週計畫頁面
月計畫可以掌握整體狀況

● 週計畫頁面

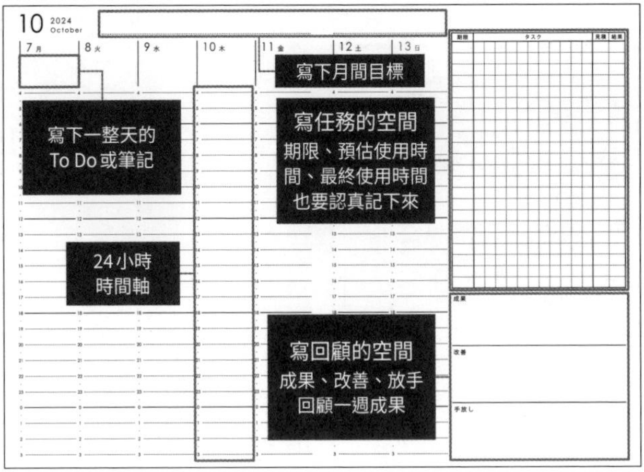
10 2024 October
寫下月間目標
寫下一整天的
To Do或筆記
24小時
時間軸
寫任務的空間
期限、預估使用時
間、最終使用時間
也要認真記下來
寫回顧的空間
成果、改善、放手
回顧一週成果
成果
改善
手放し

• 5個「我」的角色劃分表

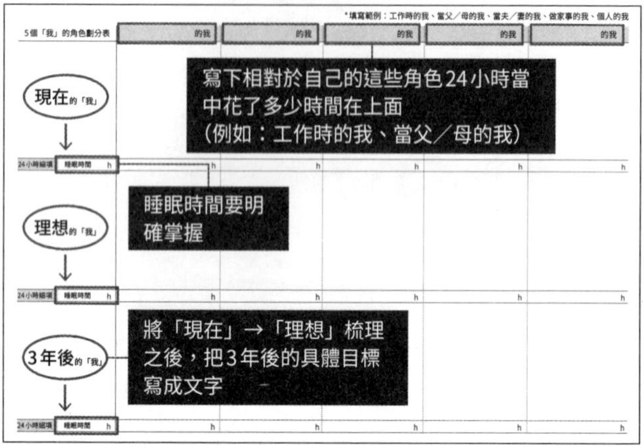

• 願景逆算表

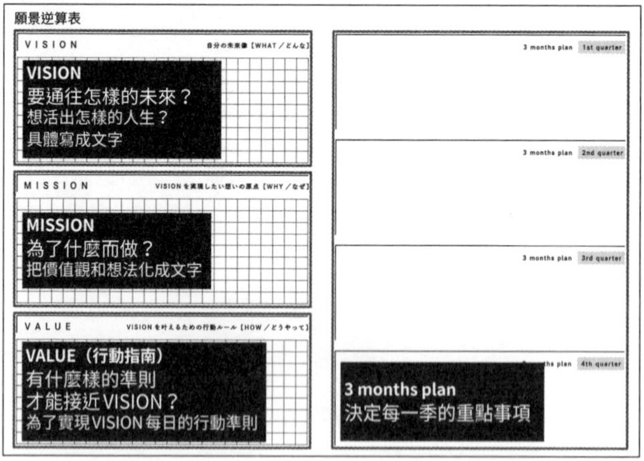

● 3個月計畫表

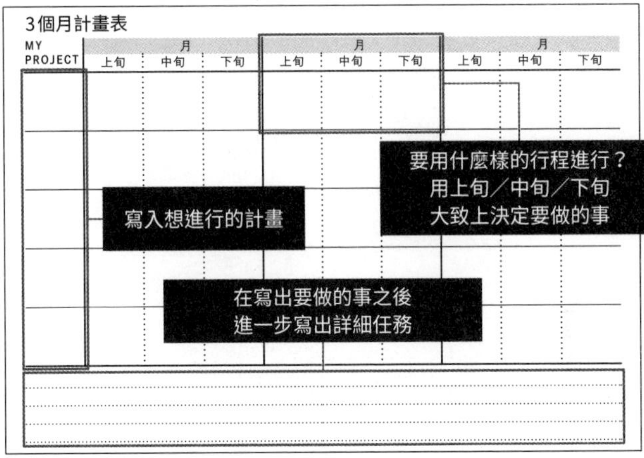

②能夠沿著自己重視的價值觀行動（願景逆算表）

左頁可以寫出願景、任務，以及行動指南。當你的視野變得短淺時，翻回這個頁面，就可以回顧自己重視的是什麼。然後，右邊的頁面以願景為基礎，可以寫出四個「3個月目標」。

③了解實現夢想必須的行動路徑（「3個月計畫表」）

不要讓目標或夢想就這樣結束，是這個頁面存在的目的。用三個月的甘特圖來分解「3個月目標」，三個月這樣的時間，打開一整頁就可以確認，進度狀態一目了然，更容易做計畫。

Check List

□把Time Coordinate時間分配的想法，套用在你的手帳和記錄中。

結語
從記錄「今天最開心的三件事」開始，人生的豐足程度會因為時間的運用而改變

拿得出成果的人跟拿不出成果的人有什麼差別？那就是中途放棄與不放棄的差別。也就是說，關鍵在於是否能夠持續下去。不過，這並不是說你憑著一股熱情努力去做，就能夠持續下去。

你知道「がんばる」（努力）的意思嗎？

①不因困難而氣餒，忍耐著堅持到底。

②試著將自己的想法、意志傳達出去，堅持自我。

③死守某個場域不為所動。

這是小學館的《數位大辭典》上寫的解釋。

對自己也好，對別人也好，喊著「要努力加油！」、「要努力加油！」，就等於在說「別因為困難而氣餒！」、「要忍耐，堅持到底！」的意思。

有的時候，那真的是很痛苦、很辛苦的事，確實需要堅持到底的韌性。但是，韌性的用法如果錯了，好不容易擁有的目標和夢想，也會變成一條令人痛苦的道路。

我開始意識到時間使用的方法，是在國中一年級的時候。至今約三十年，我不曾有任何一年不使用手帳來面對自己的時間與感情。

一開始，我只有補習班跟社團活動的預定。並沒有特別寫什麼，我就用「今天最開心的三件事」來當標題，每天持續寫。然後，就像滿分一百分可以拿幾分那樣，幫今天打個分數。

現在回想起來，覺得自己也太灰暗了（笑）。

萬萬沒想到，這個經驗在日後可以變成自己的工作。

時間管理術的基礎，就是用自己覺得舒服的方式來使用時間。可能有人會覺得「感覺舒服」這句話，給人「放鬆」、「有餘裕」的印象，不過這也因人而異。

從持續實踐時間管理術的人那裡，我也聽到很多像是「雖然想有點餘裕，但是不喜歡只有餘裕！」、「我不是想要輕鬆過活！」這樣的聲音。相較之下，「很積極，雖然有時也會掙扎，但希望用自己的手抓住自己的未來」，這樣的人似乎稍微多一點。

感覺上，似乎是那種身邊的人覺得他很能幹，但其實只是很土氣、很拚命的人的大集合。不過，這種土氣的感覺我很喜歡。

關於土氣拚命的部分，如果真的只有這樣就會很辛苦。但因為基本上重視的是「感覺舒服」、「開心」，所以也能夠積極前進。

希望你也務必從今天開始，寫出「今天最開心的三件事」。在我家每天的晚餐時刻或是睡前，我們會一起玩這個遊戲。

這也是我的願景，「讓孩子懂得活著的樂趣」，其實也跟結語這裡要說的有關。我自己從小的時候開始，就會去辨別「開心的事」、「舒服的事」，然後把時間多數用在這些事情上面。自己去選擇的時間，會讓你實際感受到生活的快樂。

透過時間的用法，孩子們也會自己去選擇「快樂的事」、「舒服的事」，我希望他們自己決定、自己去掌握未來。

還有，在韓國生活的九年當中，當然在價值觀還有時間的使用方式、生活方式、工作方式、對人生重要事件的想法等等，對很多事情的想法都被顛覆了。去韓國之前，我對「時間管理」、「計畫」、「行程安排」這三件事都很有自信。

然而，在把長時間勞動視為理所當然的當地法人工作之後，我深深感覺到就算再怎麼會擬定計畫，若無法臨機應變就完全沒有意義。

在從1到10是按部就班做好準備做事的日本、從1到10是一口氣同時準備的韓國、無論任何事情都要能夠因應的亞洲各國，以及每個人都有自己主張的歐美，在與世界各國嘗試合作之後，我了解到每個國家都有自己的優點跟差異之處，所以在計畫擬定方法和執行上也更有彈性了。

我學會靈活完成工作的重要性，也是在這個時期。

透過本書分享的方法，如果朝著目標和夢想前進的讀者們，大家都能夠在享受中同時朝著目標和夢想靈活持續行動不停歇，並且貫徹到最後，那就是我最開心的事了！

人生的豐足程度會因為時間的運用而改變。

非常感謝您讀完這本書。

小目標
時間管理
線上工具

雀躍心情挖掘表

現在，你的目標是什麼？究竟為了什麼而做？

達成目標之後會怎樣？

再下一步會怎樣？

再下一步會怎樣？

再下一步會怎樣？

再下一步會怎樣？

再下一步會怎樣？

再下一步會怎樣？

再下一步會怎樣？

再下一步會怎樣？

再下一步會怎樣？

再下一步會怎樣？

再下一步會怎樣？

雀躍心情挖掘表

現在，你的目標是什麼？究竟為了什麼而做？

達成目標之後會怎樣？

-
-
-
-
-
-
-
-
-
-
-

雀躍心情挖掘表

現在，你的目標是什麼？究竟為了什麼而做？

達成目標之後會怎樣？

-
-
-
-
-
-
-
-
-
-
-

雀躍心情挖掘表

現在，你的目標是什麼？究竟為了什麼而做？

達成目標之後會怎樣？

-
-
-
-
-
-
-
-
-
-
-

年　　月

日	一	二	三	四	五	六

年　　月

日	一	二	三	四	五	六

年　　月

日	一	二	三	四	五	六

年　　月

日	一	二	三	四	五	六

年　　月

日	一	二	三	四	五	六

年　　　月

日	一	二	三	四	五	六

年　　月

日	一	二	三	四	五	六

年　　月

日	一	二	三	四	五	六

年　　月

日	一	二	三	四	五	六

年 月

日	一	二	三	四	五	六

年　　　　月

日	一	二	三	四	五	六

年　　　月

日	一	二	三	四	五	六

日計畫

/ /

□

□

□

□

□

□

□

□

□

□

□

□

□

□

日計畫

/ /

- [ ]
- [ ]
- [ ]
- [ ]
- [ ]
- [ ]
- [ ]
- [ ]
- [ ]
- [ ]
- [ ]
- [ ]
- [ ]
- [ ]

日計畫

/ /

- [ ]
- [ ]
- [ ]
- [ ]
- [ ]
- [ ]
- [ ]
- [ ]
- [ ]
- [ ]
- [ ]
- [ ]
- [ ]
- [ ]

/　　/

日計畫

- [ ]
- [ ]
- [ ]
- [ ]
- [ ]
- [ ]
- [ ]
- [ ]
- [ ]
- [ ]
- [ ]
- [ ]
- [ ]
- [ ]

日計畫

/ /

- [ ]
- [ ]
- [ ]
- [ ]
- [ ]
- [ ]
- [ ]
- [ ]
- [ ]
- [ ]
- [ ]
- [ ]
- [ ]
- [ ]

日計畫

／　／

- [ ]
- [ ]
- [ ]
- [ ]
- [ ]
- [ ]
- [ ]
- [ ]
- [ ]
- [ ]
- [ ]
- [ ]
- [ ]
- [ ]

日計畫

/ /

- [ ]
- [ ]
- [ ]
- [ ]
- [ ]
- [ ]
- [ ]
- [ ]
- [ ]
- [ ]
- [ ]
- [ ]
- [ ]
- [ ]

日計畫

／　／

- [ ]
- [ ]
- [ ]
- [ ]
- [ ]
- [ ]
- [ ]
- [ ]
- [ ]
- [ ]
- [ ]
- [ ]
- [ ]
- [ ]

Star 星出版 財經商管 Biz 029

實現夢想的
小目標時間管理術

目標や夢が達成できる
1年・1カ月・1週間・1日の
時間術

作者 —— 吉武麻子
譯者 —— 張婷婷

總編輯 —— 邱慧菁
特約編輯 —— 吳依亭
校對 —— 李蓓蓓
封面設計 —— 李岱玲
內頁排版 —— 立全電腦印前排版有限公司

出版 —— 星出版／遠足文化事業股份有限公司
發行 —— 遠足文化事業股份有限公司（讀書共和國出版集團）
231 新北市新店區民權路 108 之 4 號 8 樓
電話：886-2-2218-1417
傳真：886-2-8667-1065
email: service@bookrep.com.tw
郵撥帳號：19504465 遠足文化事業股份有限公司
客服專線 0800221029

法律顧問 —— 華洋法律事務所 蘇文生律師
統包廠 —— 東豪印刷事業有限公司

出版日期 —— 2024 年 12 月 25 日第一版第一次印行
定價 —— 新台幣 420 元
書號 —— 2BBZ0029
ISBN —— 978-626-98713-2-2

星出版讀者服務信箱 —— starpublishing@bookrep.com.tw
讀書共和國網路書店 —— www.bookrep.com.tw
讀書共和國客服信箱 —— service@bookrep.com.tw
歡迎團體訂購，另有優惠，請洽業務部：886-2-22181417 ext. 1132 或 1520

國家圖書館出版品預行編目（CIP）資料

實現夢想的小目標時間管理術／吉武麻子 著；張婷婷 譯 -- 第一版 . -- 新北市：星出版，遠足文化事業股份有限公司，2024.12；272 面；14x20 公分 . --（財經商管；Biz 029）.

譯自：目標や夢が達成できる　1 年・1 カ月・1 週間・1 日の時間術

ISBN 978-626-98713-2-2 (平裝)

1. CST: 時間管理 2.CST: 成功法

177.2　　113010365